Dr. Dan

CUTREMURELE INTERIOARE

EXPRIMĂ-ȚI ȘI TRĂIEȘTE-ȚI EMOȚIILE, CA SĂ NU TE ÎMBOLNĂVEȘTI

Traducere din limba franceză de
Mihaela Cristea

philobia

Les tremblements intérieurs

Accepter et vivre ses émotions

Dr. Daniel Dufour

Cutremurele interioare

Exprimă-ți și trăiește-ți emoțiile, ca să nu te îmbolnăvești

Dr. Daniel Dufour

ISBN 978-606-9707-58-6

internet: www.philobia.com
e-mail: contact@philobia.com

***Editor:* Bianca Biagini**
Traducere: Mihaela Cristea
Redactor: Dorina Oprea
Corector: Nicoleta Valentina Arsenie
DTP: Gabriela Căpitănescu
Copertă: Cătălin Furtună

Descrierea CIP a Bibliotecii Naționale a României
DUFOUR, DR. DANIEL
Cutremurele interioare: Exprimă-ți și trăiește-ți emoțiile, ca să nu te îmbolnăvești / Dr. Daniel Dufour; trad. din lb. franceză de Mihaela Cristea. – București: Philobia, 2022
ISBN 978-606-9707-58-6

I. Cristea, Mihaela (trad.)

159.9

Cuprins

Cuvânt-înainte

Nu este deloc simplu să scrii o prefață: jurnalistul stă față în față cu omul îmbrăcat în alb, medicul. În profesia noastră, există jurnaliști care linșează și jurnaliști care laudă sau lingușesc; în ceea ce-i privește pe medici, există cei care practică medicina și cei care au grijă de oameni. Dacă, la finalul acestei cărți, veți fi înțeles cu adevărat sensul cuvintelor mele înseamnă că sunteți de partea celor care îngrijesc, deci la mare distanță de cei care tratează boli, predicatori perfizi. Nu este însă momentul oportun pentru polemică...

În continuare, vom citi teoriile doctorului Dufour. Unul dintre confrații săi, doctorul Sachs, îmi spunea de curând: „Doctorul prescrie, îngrijitorul pansează. Doctorul cultivă inteligența și puterea, cel ce îngrijește suferă." Să îl lăsăm deoparte pe Sachs și să revenim la Dufour...

După spusele sale, îndoielile, fricile, emoțiile noastre trebuie transformate în forțe pozitive, astfel încât să urmăm o cale cât mai adecvată în viață... Vindecarea totală nu suportă amânare, nu este destinată zilei de mâine. A beneficia de îngrijire ar însemna însă tocmai a îmblânzi moartea, dând ascultare corpului.

Desigur, într-o zi, pacientul își va da ultima suflare, dar nu oricum: cu ajutorul „unui îngrijitor".

Așadar, să murim cu toții sănătoși!

Jacques Zanetta
Jurnalist și scriitor

În concluzie, factorii determinanți ai stării noastre de sănătate sunt intențiile noastre, conștiente sau nu, și exprimarea lor în gândurile, sentimentele și acțiunile noastre. Orice problemă fizică nu este altceva decât un simptom materializat al adevăratei boli înrădăcinate în conștient[1].

– Barbara Ann Brennan

Preambul

Scopul acestei cărți este de a transmite ideea că ființa umană este frumoasă și bună, dar și că are capacitatea să trăiască sănătos și, prin urmare, să moară sănătos. Pe de altă parte, dacă alți autori nu l-ar fi folosit înainte, titlul pe care l-aș fi dat cărții ar fi fost *Cum să mori sănătos*. Omul este unic și acesta este motivul pentru care trebuie respectat. Nimeni n-ar trebui să își permită să îl înghesuie în niște categorii, să îl coboare la rangul de mașinărie sau să îl mențină în anonimatul statisticilor!

Am vrut să scriu această carte pentru fiicele mele, Marie și Cécile, pentru fiul meu, Laurent, pentru nepoții și nepoatele mele, dar și pentru toți adolescenții care vor forma mâine nucleul creativ al noului secol. Acest nucleu este extrem de important pentru viitorul civilizației!

În secolul al XX-lea am văzut cum valorile societății occidentale au ajuns să fie dominate de știință – prin invențiile extraordinare, dar și prin descoperirile din diferite domenii, îndeosebi din medicină. Cercetătorii dedicați, cei care pun neîncetat sub semnul întrebării experiența și cunoștințele actuale, se află constant în căutarea adevărului, contribuind astfel la evoluția lumii și conștientizând, în același timp, faptul că orice formă de cunoaștere se află într-o continuă dinamică.

Din păcate, unii oameni de știință nu mai pun lucrurile la îndoială și ne oferă cu brutalitate adevărurile lor, timp în care știința dominantă, rasistă, intolerantă continuă să domnească. Deseori, acești savanți au exercitat o putere zdrobitoare asupra științei, putere pe care au hrănit-o cu neadevăruri pe care le răspândesc și care trădează lipsa de încredere în ființa umană. Acești oameni de știință au adus multă confuzie umanității. Dețin frâiele puterii și devin din ce în ce mai intoleranți, deoarece intuiesc foarte bine, în sinea lor, că pierd teren și că foarte curând nu-și vor mai putea impune pretinsa cunoaștere speciei umane, din cauza tinerilor cărora mă adresez și nu numai. Secolul al XXI-lea este purtător de mari speranțe și îmi doresc cu ardoare să fie un secol al luminilor, un secol al adevăratei redescoperiri a ceea ce omul posedă mai prețios în el: adevărata știință, cea a Inimii și a Spiritului. Fără ea, omul poate fi încadrat în categoria obiectelor, a mașinăriilor, o rotiță a unor mecanisme mai mult sau mai puțin imperfecte. Omul este orice, dar asta sigur nu!

Sper că acest cântec de dragoste va rezona profund în inima celor care îl vor asculta. Sper că dimensiunea reală a omului va fi eliberată și că veți putea, în sfârșit, crede în voi, în aceste forțe interioare care vă creionează viața și, bineînțeles, sănătatea. Dar starea de sănătate a activității voastre celulare (atât de bine studiată de știința secolului al XX-lea) nu este, de fapt, decât vârful icebergului. Sănătatea despre care se vorbește în această lucrare, numită de unii „cuantică", de alții „spirituală", este cea a invizibilului, a impalpabilului, inaccesibilă științei; aceea a încrederii în forțele proprii, adevăratele forțe, a căror unică sursă este iubirea. Nicio ființă nu poate iubi cu adevărat dacă nu se iubește mai întâi pe sine! Înainte de toate, trebuie să ne iubim pe noi înșine, fiindcă altfel nu putem gusta iubirea adevărată și dezinteresată.

Această noțiune atât de importantă, care la prima vedere pare simplistă și contradictorie, reprezintă fundamentul unei stări de sănătate autentice. Odată înțeleasă, această concepție despre sănătate ne modifică percepția. Viziune noastră fragmentată se transformă într-una globală, și așa înțelegem că absența bolii sau apariția sa este manifestarea vizibilă a unei stări de bine sau de rău interior. Lucrarea de față vă va demonstra acest lucru.

Moartea îi înspăimântă pe cei care nu cred cu adevărat în om, fiindcă ea reprezintă, cred ei, sfârșitul. Însă, în realitate, moartea este o transformare, o trecere și ar trebui văzută ca atare.

Să ai o stare de sănătate optimă înseamnă „să fii"; moartea reprezintă trecerea la o nouă stare de a fi, de a exista. Într-un fel, boala este un prieten care ne trimite un mesaj cât mai clar: „Nu mai ești așa cum ai vrea să fii", „Te înșeli în privința a ceea ce înseamnă a fi".

Totul pare simplu, chiar foarte simplu, de o simplitate care oamenilor de știință li se va părea îndoielnică și periculoasă. Dacă veți coborî însă în străfundurile ființei voastre, veți vedea că acest adevăr și cele pe care le vom prezenta pe parcursul cărții de față sunt unele pe care le știți dintotdeauna. Așadar, spuneți-le, trăiți-le și noul secol, de asemenea, le va prelua ca atare!

Introducere

Sănătatea și boala reprezintă preocupări concrete ale oamenilor și aceștia așteaptă un răspuns exact din partea medicului, la întrebările pe care i le adresează; însă pacientul se așteaptă, de asemenea, ca medicul să admită că nu deține toate răspunsurile. Nimeni, și, bineînțeles, nici eu, nu a descoperit sau nu va descoperi cheia care ar permite fiecăruia să nu se îmbolnăvească – pur și simplu fiindcă această cheie, această rețetă, această baghetă magică nu există!

Mă interesează prea puțin să demolez sau să demontez, mai puțin chiar decât certurile dintre bisericuțe, în care se pierde publicul și al căror scop este, de cele mai multe ori, de a consolida puterea unora sau altora. Cu toate acestea, ar fi timpul să încetăm să credem sau să ne încredem în piatra care vindecă, în medicamentele care reglează totul, în planta miraculoasă... Dacă nu există rețetă, există totuși o regulă, o perspectivă foarte încurajatoare, un fel de etică: să înțelegem cum funcționează ființa umană în totalitatea sa, corp și suflet și de ce această ființă este sănătoasă sau bolnavă.

Să ne punem întrebări naive, primare chiar, la care va trebui să răspundem altfel decât prin semne de întrebare sau pseudocredințe: De ce este bolnavă sau de ce s-a îmbolnăvit o persoană? De ce, cu același tratament, pentru aceeași boală, unii oameni se vindecă, alții, nu? Cum contractăm un microb, un virus și, mai ales, din moment ce trăim într-o oarecare simbioză cu milioane dintre ei, de ce, de cele mai multe ori, nu ne afectează? „Nu aceasta este întrebarea! îmi răspunde medicul. Mai degrabă, țineți cont de modul în care microbii sau alți agenți patogeni acționează asupra unui corp sănătos și veți înțelege că nu este nicio mare scofală."

Colectivitatea medicală poate explica impecabil mecanismul unei boli; acestea sunt infinit de complexe, iar medicina secolului al XX-lea a făcut uz de mult timp și bani pentru a le descoperi, descrie și învăța. Statisticile reprezintă dovada efortului colosal al cercetărilor efectuate... Dar, oare, asta înseamnă să răspunzi la întrebările esențiale? Este aceasta calea de urmat pentru păstrarea unei sănătăți optime sau către vindecare? Personalul medical nu a reușit încă să explice motivele pentru care aceste mecanisme patologice se declanșează și nici de ce nu au fost înfrânate încă. Lacunele, atunci când nu ne referim la o încredere scăzută în discursul instituțional, sunt prea flagrante și ceea ce învață practica zilnică dezminte deseori discursul oficial, astfel încât acesta din urmă să nu poată fi pus la îndoială.

Să afirmi că medicina este în criză nu este, cu siguranță, foarte original, iar explozia practicilor medicale, la extremitatea medicinei actuale, stau mărturie. De ce își găsesc aceste tehnici același ecou în rândul oamenilor? Fiindcă medicina tradițională și-a dezamăgit prea des clientela. Cel căruia i se propune un remediu eficient va fi satisfăcut deoarece fiecare pacient vrea, înainte de toate, să nu mai sufere, dar, dacă va căuta altundeva, motivul suferinței este simplu, și anume faptul că tratamentul prescris și medicamentul impus nu l-au vindecat cu adevărat. Dacă pacientul adoptă definitiv practici bănuite a fi marginale, aceasta se întâmplă fiindcă ele îi aduc ceea ce el așteaptă.

Personal, nu cred că sănătatea va putea fi controlată vreodată în întregime de creierul uman, indiferent cât de orientat către știință ar fi el! Elaborarea unei teorii despre sănătate și boală este, fără îndoială, satisfăcătoare pentru intelect, doar că teoria nu ajută totuși bolnavii să se vindece. Cea mai frecventă greșeală pe care o face medicina este sistematizarea, generalizarea teoriilor în detrimentul unicității fiecărui individ. Cu atât mai mult cu cât numitorul comun al diferitelor teorii – care, fără ironie, constituie poate, singurul adevăr medical – atârnă de faptul că înseși aceste teorii se contrazic! „Tot ce știu este că nu știu nimic", spunea Platon, discipolul lui Socrate.

Capitolul 1

Mesajele corpului

Corpul este asemenea unui râu și nu o structură fixă sau o formă pietrificată. Pare astfel, dar, în realitate, este într-o perpetuă transformare. Schimburile pe care nucleul unei celule le efectuează cu exteriorul sunt constante și acesta este motivul pentru care pielea noastră se înnoiește o dată la cinci săptămâni, iar scheletul, la fiecare trei luni. În acest fel, în fiecare an, 98% dintre atomii organismului se reînnoiesc! În general, viziunea pe care o avem despre corpul nostru este alcătuită dintr-o succesiune de imagini reale în momentul prezent, iluzorii însă în momentul următor, și care devine, la rândul său, în mod firesc, un alt moment prezent. Viața este constituită dintr-o succesiune de momente ale prezentului care, înșiruindu-se unele după altele, vor forma scenariul unei vieți.

Ce face medicina tradițională cu aceste realități științifice? Continuă să prezinte modele fixe, stereotipate și descurajante pacienților, în timp ce, în realitate, nicio boală nu este improbabilă sau definitivă. Lucrează mai departe utilizând raționamente care nu iau în considerare fluiditatea și mișcarea evolutivă a materiei vii. În concluzie, desconsideră realitatea științifică, deși revendică permanent monopolul cunoașterii științifice!

Evoluția constantă a corpului generează o serie de întrebări: Care este motorul, forța care naște viață? Cum putem defini și lua în considerare această forță, dacă intenționăm să pledăm pentru viață, sănătate și medicină? Știința occidentală a descris perfect fenomenele vitale. Le-a studiat prin cercetări științifice deosebite, le-a disecat, dar nu a reușit să treacă de limitarea descriptivului. Nu s-a ajuns însă la nicio concluzie, iar dacă vrem să găsim una, ar trebui să studiem mai îndeaproape teoria referitoare la energie, atât de strălucit elaborată de Einstein la începutul secolului al XX-lea. Astfel, vom descoperi că această energie vibrează uneori regulat, alteori nu, că e mai mult sau mai puțin puternică și benefică și că trebuie să luăm un calcul și un alt motor, mult mai important în plan calitativ, și anume iubirea.

Un corp sănătos

Aceste cuvinte, aparent atât de simple, ascund, de fapt, o realitate foarte complexă. Pare firesc să ne bucurăm de o sănătate bună, fiindcă cei mai mulți dintre noi ne naștem cu un corp sănătos. Este starea naturală a omului și nu trebuie să luptăm pentru a rămâne într-o stare bună de sănătate. Totuși, atunci când se îmbolnăvește, omul trebuie să lupte pentru el însuși și pentru a se vindeca. Acest aspect este vital. Într-adevăr, în Occident medicina tradițională a inversat sensul luptei. Se luptă „împotriva", nu „pentru". Se luptă împotriva simptomelor, împotriva bolii, a plictiselii și așa mai departe; oamenii nu luptă niciodată pentru sine, ci împotriva lor înșiși. Această dihotomie nu este o subtilitate semantică, ci trista realitate.

Obișnuiesc să spun că cimitirele sunt pline de oameni care au luptat „împotriva". Să lupți „împotriva" implică opoziție și risipă excesivă de energie. Asta înseamnă că ne vom întrebuința forțele și timpul pentru a duce lupta cu boala: prin urmare, va trebui să concentrăm multe din mijloacele noastre pentru „a-l ucide" sau „a-l doborî" pe celălalt, respectiv boala sau simptomele. Din fericire, în lumea celor vii, mulți luptă pentru ei înșiși, pentru starea lor de bine. De ce este acest lucru atât de important?

Să luăm un exemplu. O persoană suferă de o boală și vrea să se vindece. Merge la medic, acesta îi prescrie medicamente „pentru a-l ajuta să lupte cu această boală": aceste medicamente sunt numite „anti". Pacientul își adună toate forțele ca să poată lupta împotriva simptomelor cu ajutorul medicamentelor și, în cele din urmă, al altor mijloace. Își învinge boala și este foarte încrezător fiindcă a „învins", crede el... Unde se situează pacientul în timpul acestei scurte bătălii, în raport cu boala sa? Se află în centru sau la periferie? Este orientat spre centru sau spre periferie? La ce folosește să lupte împotriva unui rău care a fost însămânțat de propria ființă? Bolnavul care a adoptat această atitudine, validată, din nefericire, de perspectiva pe care medicina și farmacologia occidentale o au asupra bolii, va fi încurajat să repete aceeași greșeală când se va îmbolnăvi din nou și, mai devreme sau mai târziu, extenuat de acest joc, „va pierde" lupta.

Să însemne asta că pacientul se va regăsi, dintr-odată, fără resurse în fața dificultăților vieții sau la vârsta care să nu îi permită să se lupte la fel de eficient ca înainte? Să fie oare acesta simbolul îmbătrânirii, al procesului de degenerare care nu îl va cruța pe niciunul dintre noi? Să fie oare ACEASTA *dovada* marii noastre slăbiciuni în fața „curgerii vieții" sau a unui determinism căruia i ne supunem inevitabil și căruia îi cădem victime sigure? Răspunsul la toate aceste întrebări este „nu".

Să ne imaginăm că, în loc să luptăm împotriva unui simptom sau a unei boli, luptăm pentru noi înșine, pentru ceea ce suntem, ca să fim nu numai sănătoși, ci, totodată, fericiți și mulțumiți în pielea noastră. Să ne imaginăm că, prin intermediul acestor simptome sau al acestei boli, corpul nostru vrea, mai degrabă, să ne trimită un semnal, și nu să ne silească să ne învățăm lecția sau să ne pedepsească. Să ne imaginăm că acest corp nu ne este dușman, ci prieten, cel mai bun și cel mai loial. Să ne imaginăm că acest corp este parte integrantă a ființei noastre, că nu este doar o anexă atârnată de creier, ci partea vizibilă a icebergului sau, mai exact, a ființei noastre. Să plecăm de la premisa că, în loc de zbateri, acest corp are nevoie de odihnă, de consolare, de tandrețe. Și să mai admitem că acest corp este pe cale să ne spună că i-a ajuns cât a fost de maltratat și că o va transmite prin mesaje mai mult sau mai puțin intense, astfel încât să reacționăm pe măsura gradului de intensitate a semnalului.

Să presupunem acum că supozițiile noastre sunt absolut întemeiate, că și corpul nostru este o parte din noi înșine, că are nevoie să fie și respectat și iubit tot atât cât ne dorim cu toții, de fapt, că este învestit cu fabuloasa misiune (ah, cât de importantă!) să ne vorbească și să ne spună ce se întâmplă în interiorul nostru într-un plan mai puțin fizic și, prin urmare, mai puțin palpabil și mai puțin vizibil. Este atât de greu să ne imaginăm asta? Nu vă duce cu gândul această inteligență a corpului la ceva din ființa voastră, nu în planul conștiinței, ci în planul cunoașterii profunde care ne însuflețește și care ne face să spunem cu certitudine uneori: „Știu că *lucrul* acesta sau celălalt este pentru mine."?

Cu toții știm că nu suntem doar corpuri în mișcare și că o altă forță ne comandă și ne conduce. Corpul nostru face parte dintr-un ansamblu mult mai vast și complex decât creierul nostru, dar, în același timp, mai simplu; mai greu de explicat, dar la fel de real precum descrierea clinică a ceea ce medicina numește „fizic", „psihic" sau „psihosomatic".

Acest ansamblu este dotat cu o forță, cu o sursă de energie pe care noi o simțim, dar pe care nu reușim să o descriem, pe care o percepem clar în noi, dar ne este imposibil să o simțim în mod real. Știm că această forță obscură și nedeterminată are nevoie de iubire, pace, bunăvoință, nu de lupte de purtat împotriva virusurilor, bacteriilor sau altor atacatori neînsemnați. Dacă această sursă de viață este perturbată și noi simțim această stare de rău prin intermediul corpului, îl vom pedepsi forțându-l să lupte și mai mult împotriva lui însuși? Bineînțeles că nu. Mai degrabă vom încerca să îl ajutăm, să îl bandajăm și să îi oferim tot ce putem pentru a se putea vindeca. Vom face pentru noi înșine tot ce am face pentru oricare altă ființă. A nu proceda astfel ar însemna că nu ne iubim deloc, nici nu ne respectăm, iar asta nu ar face decât să ne agraveze starea de rău. Prin urmare, vom adopta o abordare total diferită, bazată pe blândețe, nu pe luptă!

Faptul că unele dintre mijloacele pe care le vom propune necesită contribuția medicamentelor nu este neapărat contradictoriu, cu condiția ca această medicație să fie utilizată ca însoțitor al tratamentului și nu ca scop în sine sau ca miracol în care ne vom pune toate speranțele de vindecare. Medicația va trebui propusă la început, apoi aplicată, nu impusă în urma unor statistici care, negând individul, îl transformă într-un anonim. Aceasta va trebui să țină cont de persoană, de mediul său și de mulți alți factori care converg spre finalitatea acțiunii, mai precis spre respectul și iubirea de sine, în așa fel încât să se poată restabili mai bine starea de sănătate, această oglindă a ființei. Abordarea de tip „luptă pentru sine" și nu „luptă împotriva propriei ființe" capătă atunci adevărata sa dimensiune, singura care ne va face să evităm greșelile repetate ale trecutului.

Boala ca „mesaj", nu ca „ghinion"

Două viziuni diametral opuse condiționează abordările terapeutice.

Prima abordare, tradițională, oferă un rol primordial „ghinionului" și suitei sale de prieteni, mai exact virusurile și bacteriile, celulele cu potențial de creștere anormală, care sunt cauze ale apariției cancerului, de exemplu. Aliații lor sunt agenții poluanți de toate felurile: gazele toxice, grăsimile rele, sedentarismul etc. Acești prieteni și aliații lor se coalizează cu întâmplarea nefastă ca să provoace simptome, apoi suferințe sau boli, pe care pacientul va trebui să le confrunte și să le combată cu medicamente, pentru a se vindeca sau, cel puțin, pentru a obține o remisiune... până la viitoarea serie de ghinioane, până la decesul bolnavului.

Această evoluție a cursului vieții, această viziune nu lasă niciun loc individului, ființei. Este foarte restrictivă, după părerea mea. De fapt, aceasta interpretează omul așa cum el nu este: o mașină care trăiește, suferă și moare, suportând lumea exterioară și luptându-se cu sine sau cu ceea ce este nefast. În acest caz, viața devine o luptă pentru supraviețuire, cu convingerea, încă de la început, că aceasta este pierdută. Singurul mister rămâne acela de a ști în ce moment omul pierde bătălia și dispare din această lume. Extrem de trist!

A doua abordare, spre care, așa cum veți ghici, se îndreaptă preferința mea, este cea care tinde să demonstreze că boala nu este altceva decât un semnal de alarmă tras de cel mai bun prieten al nostru: corpul. Acesta încearcă să ne vorbească prin intermediul simptomelor și al bolii. În funcție de pertinența mesajului transmis și de capacitatea noastră de a ne asculta inima, intensitatea simptomelor va fi fie diminuată, fie stăvilită sau, dimpotrivă, amplificată. Să recepționezi și să înțelegi mesajul reprezintă, așadar, prima etapă care trebuie depășită și fără de care nicio vindecare nu este cu adevărat posibilă. A doua etapă constă în a ține cont de ceea ce ne spune corpul, însă pentru aceasta trebuie să ne considerăm corpul mai degrabă un aliat decât un obstacol. Trebuie să îl privim ca pe un prieten sincer, care ne încurajează să ne schimbăm, să evoluăm, iar boala devine atunci un ajutor prețios, care ne permite să avansăm spre starea de bine. Deci, această abordare nu ține cont de destin, din moment ce omul este responsabil pentru suferința sa și deține cheile vindecării. El este rotița principală, motorul mașinăriei, care are drept consecință faptul că înseamnă mult mai mult decât o simplă îmbinare de celule și microorganisme. În realitate, omul deține o forță fabuloasă, nepalpabilă, care nu poate fi cuantificată, invizibilă, care-l determină să trăiască sau... să moară. Descoperirea și recunoașterea acestei forțe interioare reprezintă un lucru minunat și bolile de care omul suferă pot deveni prieteni purtători de speranță, nu dușmani.

Una dintre pacientele mele, Laura, în vârstă de 24 de ani, căsătorită de câțiva ani și mamă a doi copii, este o femeie plăcută și plină de viață. Suferă de hipotiroidie și are gușă specifică. Refractară la medicația de lungă durată, a venit să mă consulte și să afle dacă o strategie de tratament „fără substanță chimică" s-ar putea dovedi la fel de eficientă ca abordarea tradițională.

Pentru medicina tradițională, cauzele bolii pot fi multiple, începând cu ereditatea și până la carența de iod, o situație care, pe de altă parte, era destul de des întâlnită în regiunile muntoase, la începutul secolului al XX-lea și, mai recent, drept urmare a catastrofei de la Cernobîl. Odată pus diagnosticul, după o serie de analize de sânge și examene radiologice, un medicament este prescris pentru o lungă perioadă de timp, ba chiar pentru toată viața... Laura sosește la clinică într-o stare de angoasă destul de severă: știe afecțiunea de care suferă, cunoaște tratamentul care i-a fost recomandat, „fără de care gușa și simptomele «sale» nu pot decât să se agraveze", la fel ca și efectele secundare. Cât despre cauza bolii, întrucât istoria familială și celelalte teste nu au adus niciun element pozitiv, medicul specialist a lăsat pacienta în ignoranță completă... Metodele abordării tradiționale au traumatizat-o pe Laura, fiindcă aceasta din urmă se teme acum de boala sa și, mai ales, nu îi înțelege cauzele.

I-am cerut să îmi spună de cât timp se confruntă cu această suferință și să pună acel moment în legătură cu un eveniment care a rănit-o atunci sau a zdruncinat-o. După câteva momente de cugetare, răspunsul a fost: „Din momentul în care am realizat că viața mea de cuplu era nesatisfăcătoare!" Fiind găsită cauza bolii, a fost suficientă o abordare individualizată pentru ca gușa să dispară, împreună cu simptomatologia asociată, și asta în absența unui tratament medicamentos, cu excepția unor oligoelemente și vitamine, ca suport. Regresia bolii a fost obținută în doar trei săptămâni...

În timpul consultațiilor s-a constatat că pacienta, știind să se afirme perfect în exteriorul casei, nu se manifesta decât ca o imitație palidă a ei însăși în prezența soțului, stingându-se complet și raționând numai în funcție de el, de copii și de îndatoririle sale. Conștientizarea acestei realități și, în special, a faptului că și-a acordat din nou dreptul de a exista în interiorul cuplului au permis vindecarea acestei boli (nu o simplă ameliorare). De atunci, pacienta trăiește foarte fericită și, în ciuda unui divorț inevitabil, urmare a refuzului soțului de a-și accepta soția așa cum este cu adevărat, Laura mi-a spus recent această frază fabuloasă, auzită deseori din gura pacienților care s-au vindecat de suferințele lor: „Fără această boală, nu m-aș comporta fizic și moral la fel de bine ca în prezent!" Această observație este fantastică, deoarece exprimă tot ceea ce a fost și va putea fi spus vreodată legat de subiectul sănătății și al bolii. Să ajuți un pacient să își regăsească demnitatea de femeie sau de bărbat, să îl ajuți să își restabilească echilibrul personal și propria valoare – iată unul dintre cele mai frumoase lucruri din această lume!

Așa cum vom vedea în continuare, în funcție de viziunea pe care o adoptăm și de abordarea de bază pe care o alegem, soluțiile acelorași probleme pot fi foarte diferite și se pot exclude aproape complet! Metodele strategiilor tradiționale se vor îmbina pentru a combate orice simptom și orice boală, pe când cele ale abordării umane vor căuta mai degrabă să se sprijine pe simptome și pe boală, pentru a „vindeca".

Într-o zi, întrebând o ființă plină de înțelepciune și iubire despre semnificația bolii, mi-a răspuns: „Boala este Frica, frica de a trăi. Ea distruge viața sau o tulbură. Ea încetinește existența sau chiar o oprește, în cazuri extreme. Teama de a exista provine din faptul că oamenii nu cred suficient în ei înșiși, nu se iubesc, nu vor să trăiască în Bucurie și Iubire. În același timp, își creează obstacole despre care cred că sunt obiective. În realitate, toate acestea nu sunt decât o iluzie. Aceștia nu vor sau nu mai vor să profite de Viața care le-a fost dată. Boala, suferința vulnerabilizează, dar și întăresc, totodată: ne pot forța să revenim la noi înșine și să înțelegem ce trebuie să fie înțeles în raport cu viața. Fortifică ființa bolnavă în dorința sa de a muri sau de a trăi... În adâncul sufletului lor, suferinzii știu asta... Boala este o demonstrație clară și obiectivă a unei stări de rău, a unei discordanțe prezente în om. Este vitală pentru înaintarea către o mai mare iubire de sine și de lucrurile înconjurătoare. Transcende omul, cu condiția ca el să înțeleagă cu adevărat ce înseamnă toate lucrurile acestea."

În timpul altei conversații, aceeași ființă de lumină a precizat ce aduce boala celui în suferință: „Ea este manifestarea. Este un semn, o dovadă materială a ceea ce nu merge bine în interiorul ființei umane. Ea vine să dezorganizeze, să desființeze ordinea stabilită de om, să semnalizeze că adevărata ordine nu se potrivește cu ordinea stabilită de individ. Este un semn și trebuie luat ca atare. Este consecința unei greșeli, mai mult sau mai puțin profunde, pe care o face persoana care suferă.

„Nu este decât un mesaj al unei greșeli profunde sau superficiale în atitudinea oamenilor față de viață. Viața este totul și trebuie trăită natural, fără să forțăm, lăsând totul să se îndrepte în voie în direcția în care trebuie să se îndrepte. Aceasta are drumul său, conduce totul fiindcă este o bucată din tot. Viața este frumoasă, senină, nu suferă de nicio boală. Își cunoaște drumul, este totul și totul este în ea. Trebuie să ne unim cu acest tot și să ne lăsăm în voia bucuriei. Ea este pace, seninătate, calm. Boala este, de asemenea, manifestarea vieții, însă este purtătoarea unui mesaj. Acest mesaj trebuie să fie înțeles în ființa lăuntrică a persoanei bolnave. Aceasta din urmă se eschivează de la Tot sau încearcă să o facă; suferă, se zbate și se luptă pentru că nu se simte bine, dar, cel mai adesea, nu știe de ce. Trebuie să înțeleagă ce îi transmite boala, care este mesajul. Oare a trădat viața? Oare s-a pierdut în afara vieții? Atunci apare și boala. Este o consecință a unei trădări față de sine și față de viață. În acest caz, trebuie să înțelegem, să interiorizăm și să acceptăm ce livrează boala ca mesaj. Acest mesaj este întotdeauna un mesaj de iubire și de pace."

Noțiunea că boala conține iubire și pace poate fi ilustrată de poveștile lui Georges și Jacques, doi bărbați de șaizeci de ani, care suferă de cancer de prostată.

Georges, un bancher cu răspundere mare în instituția sa, a recurs încă de la descoperirea bolii la tratamentele pe care le presupun cele două strategii. A supravegheat îndeaproape evoluția tumorii prostatice și și-a manifestat dorința de a înțelege motivul unei asemenea boli, având în vedere faptul că avusese, până atunci, o sănătate excelentă și că ducea o viață fără griji materiale. Acest bărbat, al cărui tată a murit foarte tânăr în colonii, a trebuit, de foarte devreme, în calitate de proaspăt cap de familie, să își protejeze mama până la moartea ei, cu cinci ani înainte să își descopere tumora. Fiindcă soția și mama lui Georges nu s-au înțeles deloc, timp de mulți ani, a fost prins constant la mijloc între cele două femei, având rolul de tampon și renunțând la sine în fața fiecăreia dintre ele, când își aruncau reproșuri... Fiind un introvertit „înnăscut", după propria caracterizare, și-a îngropat în sine propria stare de iritare și nici nu se punea problema să aleagă între una sau cealaltă, având în vedere cât le iubea pe amândouă.

Georges a înțeles repede mesajul trimis de boală: dacă voia să aibă șanse să nu cedeze în fața acesteia, trebuia să își exprime și să își trăiască furia, trebuia să extirpe tristețea pe care o păstra în adâncul sufletului de atâția ani. Deși cunoștea numeroși profesori în medicină, nu a găsit soluția pentru a accepta mesajul bolii și, ca justificare, invoca unele argumente științifice, cu toate că mai târziu a mărturisit că îi fusese teamă să răscolească „bagajul acela" atunci când lucrurile se calmaseră după dispariția mamei sale... însă, în tot acest timp, tumora a avansat, până în punctul în care intervenția chirurgicală a devenit necesară.

După operație și alte câteva luni de absență, Georges a revenit la cabinet. Pretindea că, *mental*, acceptase totul, dar încă nu cu toată ființa, că motivul bolii erau „depersonalizarea" și „semi-dispariția" sa în fața soției și mamei. S-a gândit că acest lucru a creat în el însuși o furie profundă pe care trebuia neapărat să o exprime, dar, neștiind cum să o facă, a venit să ceară îndrumare. Pacientul a recunoscut că, în realitate, problema nu era că nu știa cum să își exprime furia, ci a-și acorda permisiunea de a o face, a se iubi suficient de mult și a se respecta, astfel încât să favorizeze propria persoană și să nu mai pună starea de bine a mamei sau soției înaintea propriei stări de bine. A-și oferi iubire de sine însemna, în cazul de față, a-și acorda dreptul de a-și trăi furia împotriva mamei răposate și a soției, care, de altfel, îi era permanent alături în lupta împotriva bolii...

Georges a încercat să facă toate acestea, practicând relaxarea și urmând diferite terapii, fără succes însă, până când a fost necesară spitalizarea din cauza agravării bolii. Cu câteva zile înaintea morții, mi-a mărturisit că putea pleca liniștit fiindcă reușise să își exprime furia. Cuvintele lui îmi răsună încă în cap: „Sunt fericit și senin, chiar dacă sufăr mult și sper să plec cât mai curând, mi-am regăsit demnitatea de om prin exprimarea profundei furii pe care am trăit-o; ce dureros a fost s-o fac, dar cât de liniștitor..."

Georges ne-a părăsit înțelegând că fără iubirea de sine nici viața, nici liniștea nu sunt posibile. Au fost necesare un cancer și suita sa de suferințe ca să aplice măsura acestei iubiri. Regret profund această situație, însă mesajul este cutremurător!

Jacques, de asemenea, este un bărbat foarte activ. Căsătorit, tată a cinci copii, crescut într-o familie foarte unită și religioasă, a fost anunțat, în urma unui control efectuat la medicul urolog, că are cancer de prostată. Ca și în cazul lui Georges, vestea l-a luat complet prin surprindere, fiindcă, până atunci, se bucurase de o sănătate de fier. A abordat mai mulți specialiști care i-au explicat diferitele tipuri de tratamente posibile, apoi mi s-a adresat ca să afle mai multe despre o altfel de abordare, complementară sau autonomă.

Îi cer să îmi răspundă la două întrebări pe care le adresez tuturor persoanelor care suferă de o asemenea boală:

1. De ce aveți cancer de prostată?

„Cred că are legătură cu viața mea afectivă, deoarece m-am despărțit de soția mea în urmă cu doi ani și, de atunci, locuiesc împreună cu prietena mea. Mă învinovățesc foarte mult pentru asta, chiar dacă, pentru mine, această decizie, foarte greu de luat, din cauza educației, religiei și regulilor mele de viață, a fost o modalitate de a mă salva de la o distrugere totală."

2. Vreți să trăiți?

„Da, bineînțeles." Dar pentru cine, pentru ce? „Pentru mine, fiindcă, după despărțire, am regăsit adevărata plăcere de a trăi."

Răspunsurile lui Jacques au fost atât de pline de speranță, încât doar ele erau mărturia dorinței sale reale și profunde de vindecare. Cu toate acestea, fiind prezent, cancerul era dovada că o parte din Jacques nu mai dorea să trăiască. Pacientul a spus-o în primul răspuns, când a menționat că se învinovățește pentru că se bucură cu adevărat de viață, după mulți ani de ezitări, cu femeia pe care o iubește, nu cu mama copiilor săi (aceasta reprezentând un mod succint de exprimare a unei realități mult mai complexe, desigur!). Dându-și dreptul de a trăi în loc să se abandoneze morții, vina a prins formă și a devenit sursa care alimentează creșterea tumorii. Înțelegând asta, Jacques a început un proces cu el însuși, cu scopul de a-și regăsi stima și iubirea de sine. A ales să urmeze demersul nostru terapeutic, care se dovedește a fi cel mai avantajos, din moment ce Jacques are parte de zile fericite, fără bătăi de cap legate de cancer. Toate investigațiile medicale efectuate după ce a luat decizia de a lucra în privința propriei persoane au demonstrat că tumora malignă a dispărut. Jacques este exemplul perfect al unei persoane care a știut să evolueze pe plan personal și care și-a acordat dreptul să fie, în sfârșit, ea însăși „mulțumită bolii".

Conceptul de boală-mesaj este primordial de sesizat, deoarece acesta va condiționa abordarea terapeutică. Pe scurt, boala este un semn pe care corpul, prietenul și aliatul nostru, îl trimite ca să ne avertizeze că suntem pe cale să ne pierdem, să ne trădăm și, prin urmare, să ne simțim rău în pielea noastră. Acest semn poate fi superficial și lejer, profund și puternic, în funcție de nivelul, frecvența și repetarea „trădării". Simptomele, părțile corpului unde aceste semne se vor manifesta, împreună cu boala, ne vor ajuta să determinăm amploarea deteriorării stării. Dacă toate mesajele au fost înțelese și bine interpretate, procesul de vindecare va fi declanșat, dar, pentru ca vindecarea să fie posibilă și completă, este necesar să se ia măsuri în privința cauzei afecțiunii.

Bunătatea înnăscută a omului

Pentru a ajunge să descifrăm în întregime mesajul trimis de corp, atât în plan fizic, psihic, dar și spiritual, trebuie, înainte de toate, să definim ce este un om cu o sănătate bună, un om sănătos.

Din nou, două concepții sunt în opoziție. Prima consideră că omul este rău, că trebuie definit prin defectele, imperfecțiunile și slăbiciunile sale, că este fructul păcatului originar și că, pentru asta, trebuie să plătească un preț, într-un fel sau altul. Această viziune iudeo-creștină va genera, la rândul său, abordarea terapeutică culpabilizantă, care-i turuie fără oprire persoanei suferinde că are parte exact de ceea ce merită și că, în plus, boala sa este mai mult sau mai puțin normală, din moment ce, la bază, această persoană este rea. Această viziune asupra lucrurilor și a oamenilor este la fel de tristă și descurajantă precum cea pe care am descris-o la capitolul despre boala ca mesaj.

A doua concepție vede omul ca pe o ființă plămădită din calități, în uniune cu cosmosul și care, prin urmare, posedă în nucleul său, în inima sa, în stare mai mult sau mai puțin embrionară sau dezvoltată, cunoașterea, știința universală și, în special, iubirea față de sine și față de ceilalți. Acest nucleu fundamental este înnăscut și etern, hrănit de profunzimile ființei. Este totodată Știință, Cunoaștere și Iubire; este în legătură directă cu Viața. Acest nucleu *este* Viața și fără el nimic nu există – și prin nimic înțelegem că nici omul. Îl putem numi „suflet", „Qi", „energie de bază" și așa mai departe, ce contează categoriile, din moment ce important este să știm că, în adâncul nostru, al tuturor, există acest nucleu și că a fi într-o stare bună de sănătate înseamnă să fim în legătură directă și neîntreruptă cu el. Orice pierdere a contactului cu acesta naște dezordini, tulburări, suferință și boli. De fapt, cum am putea să ne imaginăm măcar că trăim separați de ființă, de ființa *noastră?*

Ca să prezentăm mai bine acest concept, vom relua imaginea vehiculului, utilizată de orientali. Aceștia din urmă îl compară pe om cu o trăsură: cele două roți din față (brațele) dau direcția, în timp ce cele două din spate (picioarele) suportă și transportă încărcătura. Trăsura este trasă de doi cai care simbolizează emoțiile, ceea ce arată că, fără acestea, viața nu avansează și nu are o existență reală. Această trăsură este condusă de un birjar care reprezintă elementul intelectual, Conștientul nostru. În interiorul trăsurii se află pasagerul pe care noi nu îl vedem, dar care simbolizează nucleul fundamental, în lipsa căruia viața nu are nicio direcție; știința, cunoașterea devin doar iluzorii. În aparență, vizitiul conduce vehiculul, dar, în realitate, asta nu se întâmplă decât la prima vedere; fără pasagerul care să indice destinația, perechea trăsură/birjar nu este altceva decât un vehicul cuprins de nebunie, pradă nemișcării sau rătăcirii... Pierderea contactului cu pasagerul, adică nucleul fundamental, va duce, mai devreme sau mai târziu, la pribegie, la un blocaj sau la un accident. Dacă o singură parte a întregului este neglijată sau lăsată liberă să facă ce vrea, fără să se țină cont de dorințele pasagerului, este posibil să se întâmple un accident sau o pană, după care apare imobilizarea.

Începând din clipa în care îl considerăm pe om zămislit din calități, trebuie să îl definim insistând pe acestea, nu pe defectele și neajunsurile sale.

Întotdeauna constat cu surprindere până în ce punct pacienții mei ezită și le este greu să își accepte calitățile. Acest lucru îi jenează și mulți dintre ei declară că s-ar simți mai confortabil să își enumere defectele mai degrabă decât calitățile sau că ar fi mai ușor dacă apropiații lor ar fi cei care să le scoată la iveală. Este foarte instructiv să constat că majoritatea se definesc în raport cu ceilalți, nu în raport cu ei înșiși: vor enumera calități de genul ascultarea celorlalți, politețe, serviabilitate, răbdare, tată bun sau mamă bună etc. Definirea propriei persoane trece prin ceilalți, ca și cum, fără aceștia din urmă, nu ar mai exista!

În mod frecvent, se poate observa, la pacienții care acceptă să realizeze exercițiul și care reușesc să își recunoască în cele din urmă calitățile, că acestea sunt în special de ordin intelectual, precum inteligența, spiritul de analiză, concizia. Se întâmplă destul de rar să fie reținute cele care aparțin emisferei drepte a creierului (cea a feminității), și vom preciza creativitatea, senzualitatea (în sensul complet al termenului) sau intuiția. Dificultatea de a ne defini pe noi înșine și nu în raport cu ceilalți este un semn evident de pierdere a identității sau de pierdere a conexiunii cu nucleul nostru fundamental. Nu este de mirare, în acest caz, că într-o bună zi ne vom afla în fața unui medic, bolnavi sau cu o suferință oarecare.

Sunt necesare câteva chei ca să înțelegem ce vrea să ne spună corpul prin anumite stări de rău de care suferim. Într-un fel, corpul nostru este, în plan emoțional, vitrina interiorului și manifestările sale, precum și profilul lor anatomic au o mare importanță. Observația este esențială deoarece corpul ne spune aproape totul despre ființa noastră. A ne observa înseamnă a avea grijă de noi!

Cazul lui Jean este revelator în această privință. S-a prezentat la cabinet într-o luni dimineață, cu o sinuzită puternică, precedată de o durere în gât pe când călătorea cu trenul dinspre Paris. Tocmai își petrecuse sfârșitul de săptămână acolo cu prietena sa pe care o îmbrățișase pe peronul gării, știind că nu se vor mai revedea decât peste cincisprezece zile. În următoarea dimineață a făcut febră mare cu sinuzită. De ce? Primul răspuns a fost că a luat un virus care circula în perioada respectivă... Cerându-i să descifreze ce încearcă să îi spună corpul, știind că totul a început cu o durere în gât, înțelege repede că a vrut să exprime ceva, dar că nu a făcut-o. În plus, știind că sinusurile sunt în legătură directă cu ficatul, el însuși sediul furiilor neexprimate, totul se lămuri de îndată: era furios fiindcă nu își putea revedea logodnica mai curând și, cum nu a exprimat asta, corpul i-a cerut să o facă! Durerea în gât și sinuzita erau semne care i-au indicat foarte exact ce avea de făcut.

Medicina chineză, veche de milenii, a definit perfect unele dintre aceste chei:

- Ficatul, vezica biliară și ochii sunt locuri în care se vor instala furiile neexprimate; ficatul, în special, atunci când este foarte încărcat, are „uși de evacuare" a toxinelor: pielea și sinusurile. Când aceste uși devin insuficiente, când boala se cronicizează sau când diversele tratamente cu antibiotice au „vindecat" persoana afectată, articulațiile preiau ștafeta și apare artrita.
- Bronhiile și plămânii sunt locuri în care își vor face cuib tristețile înăbușite.
- Intestinele și abdomenul adăpostesc în general emoțiile înfrânate, lucrurile lăsate nespuse, iar constipația, de

exemplu, este un semn în cazul persoanelor incapabile să-și exprime sentimentele.

- Rinichii și vezica urinară adăpostesc fricile.
- În cazul bărbaților, prostata este locul în care se vor instala conflictele cu partenera.
- Sânii sunt locul conflictelor cu partenerul (sânul drept, în cazul femeilor dreptace) sau cu căminul, cu cuibul (sânul stâng).

Această listă nu este nici pe departe completă și fiecare punct este descris în mod rudimentar, însă este suficientă pentru înțelegerea și descifrarea mesajelor pe care corpul încearcă să le transmită prin intermediul durerilor și al stărilor de rău pe care le resimțim. Dându-le atenția cuvenită, oricine suferă va vedea că organismul este precum o carte deschisă și că informațiile transmise sunt de o precizie uimitoare.

Capitolul 2

Mecanismele bolii

Un om cu o sănătate bună, în consecință, foarte centrat pe el însuși, trăiește emoții pe care le lasă să circule în sine; își satisface dorințele și duce la bun sfârșit proiecte. Resimte două mari emoții: bucuria și tristețea. Uneori, cunoaște și supărarea, furia. Din punct de vedere pur teoretic, supărarea este considerată o reacție față de mediul înconjurător, exprimă o poziție în raport cu un fenomen exterior.

Un om cu o sănătate bună *există,* ceea ce înseamnă că dă frâu liber emoțiilor și dorințelor sale. Cuvintele au în acest caz importanța lor... Această libertate despre care vorbim nu este cea pe care unii profesori o reproșează discipolilor care dau frâu liber viciilor și frivolității, ci libertatea faimosului „a se abandona", ce caracterizează persoana care lasă să circule în toată ființa energia care o locuiește și care își trăiește emoțiile profunde, bucurie și tristețe, dar și dorințele, întotdeauna pozitive, deoarece, emanând dintr-o ființă zămislită din calități, această persoană are încredere în ea.

A ne îngădui să ne trăim emoțiile reprezintă fundamentul unei sănătăți bune și fiecare poate verifica acest lucru pe propria piele: dacă ne simțim bine, energia circulă, „totul radiază", reușita și bucuria merg mână în mână. Mai mult, suntem activi și în plină formă. În schimb, atunci când emoțiile sunt blocate, apar tensiunile și, dacă nu reacționăm prin renunțare, adică prin libertatea de a ne trăi emoțiile, apare boala.

Cele două mari emoții care se află la baza majorității, ca să nu spun a tuturor suferințelor și bolilor, sunt furia și tristețea. Bucuria, pe de altă parte, este o emoție trăită, în general, fără rețineri de către cei care o resimt deoarece, pe de o parte, nu deranjează pe nimeni și, pe de alta, este mai simplu de trăit pentru că este rareori blocată de educația noastră, fie ea și rigidă.

Furia

Această emoție foarte puternică este cauza a numeroase boli și durere în cazul multor persoane. În realitate, furia este într-o strânsă legătură cu iubirea! Ea apare de la cea mai fragedă vârstă, ca o consecință recurentă a efortului de a căuta plăcerea și starea de bine, dar și a fricii de suferință. Atunci când nevoile vitale nu îi sunt satisfăcute, copilul reacționează deseori prin furie, pe care o exprimă imediat, fără niciun blocaj! Adolescentul și adultul nu sunt feriți de această emoție puternică, deși, pentru ei, furia este, cel mai adesea, un sentiment care face pereche cu capacitatea de a iubi. Cu cât această capacitate de a iubi crește și dobândește complexitate, cu atât se intensifică și capacitatea de a simți și de a exprima furia: nu trebuie decât să ne gândim la violența furiei noastre când pericolul este iminent pentru persoana pe care o iubim sau pentru noi înșine. Acest sentiment fie va fi exprimat, fie nu va fi trăit. Când este reprimat și blocat, antrenează dereglări, mai mult sau mai puțin profunde, în plan energetic și se traduce prin tensiuni, simptome sau boli.

Exprimarea furiei este vitală!

De cele mai multe ori, furia este blocată în sine din mai multe motive, care au legătură în special cu educația noastră. Părinți care își înfrânează furia și care nu ridică vocea niciodată, de exemplu, vor trimite ca mesaj copiilor lor că dominarea, controlul de sine și al emoțiilor lor sunt o regulă de viață foarte importantă. Bătăile primite de la părinți mânioși vor demonstra că furia este traumatizantă și viitorul adult va asocia, inevitabil, această emoție cu suferința. În schimb, dacă este pedepsit fiindcă și-a exprimat furia, asta înseamnă că trebuie să reprime această emoție deoarece este rea, nesănătoasă chiar, că îi deranjează pe ceilalți și că îi va face să îl priveze de iubire.

Am putea menționa numeroase cauze care ar putea determina un copil să reprime o emoție pe care acesta o știe normală și sănătoasă. Realitatea este că furia este naturală și că, oricum, va fi simțită. Ce este de făcut, în acest caz? El, corpul, știe ce trebuie făcut: o exprimă (*ex*, în latină, înseamnă „în afară"), cu alte cuvinte, o scoate din sine, o „expulzează", o respinge, de data aceasta, nu cât mai adânc în sine, ci în exteriorul lui. În caz contrar, suferința apare, sub formă de tensiuni la început, apoi de mânie.

Diferența între furia paroxistică (sau mânie) și furie (sau iritare) este esențială. Mânia este un amestec de suferințe neexprimate, de frici și de supărări acumulate într-o perioadă mai mult sau mai puțin îndelungată. Este periculoasă, chiar distrugătoare. Provoacă un stres deosebit în tot corpul și, dacă nu este exprimată, declanșează, ca orice alt fel de stres, o blocare a sistemului imunitar, transformându-se în boală. Or, dacă persoana o exprimă, de obicei se simte vinovată fiindcă nu a fost capabilă să și-o stăpânească. Prin urmare, cercul vicios se amplifică și procesul se perpetuează până la sfârșitul său logic: boala! Vom vedea în continuare că, în acest caz, principalul organ afectat este ficatul, apoi, într-o măsură mai mică, toate organele sunt corelate cu activitatea acestuia.

Furia simplă este un sentiment și trebuie trăit ca atare. Deseori fac următoarea comparație: dacă o persoană suferă de indigestie, există două soluții: fie vomită cât mai repede posibil pentru a scăpa de suferință, chiar dacă își provoacă vărsăturile, fie își interzice să o facă, invocând numeroase motive, care mai de care mai înfricoșătoare, acceptând să îndure o stare de rău timp de mai multe ore, până când digestia revine la normal. Este interesant de observat ca majoritatea persoanelor care suferă de probleme de exprimare a furiei sunt, de asemenea, persoane care nu își pot provoca vărsături! Alegerea există și de aceasta vor depinde sănătatea și starea de bine.

Furia poate fi reprimată sau exprimată. Persoana care o simte poate alege să trăiască și să facă la fel cu această emoție sau o poate păstra în ea și să sufere din această cauză; pe scurt, să explodeze sau să facă implozie. Reprimarea se va face deseori în numele celorlalți: „Nu vreau să fac rău celorlalți. Nu cred că asta are importanță. Lucrul acesta nu merită efortul..." Prin fiecare dintre aceste exprimări, persoana nu își acordă dreptul de a trăi ce simte. Nu își dă dreptul să fie cine este, punându-i pe ceilalți și starea lor de bine mai presus de sine. Îi plasează pe ceilalți pe primul loc și aceasta este o dovadă că nu se respectă. În opoziție cu intelectul, corpul va reacționa imediat față de această lipsă de respect de sine și o traduce într-un limbaj mai explicit: apar tensiuni sau se instalează o boală.

Un alt motiv pentru care furia nu este exprimată și care este invocat frecvent este promovat de cei care spun că „asta nu va fi de niciun folos, nu ne va face să dăm timpul înapoi și nu va schimba ceea ce s-a întâmplat deja". Furia este refulată în numele inutilității sale. Într-adevăr, exprimarea acesteia nu va schimba niciodată ceea ce s-a întâmplat, însă procesul este benefic, alină și înlătură tensiunile păstrate în interior. Acest motiv ar trebui să fie suficient și chiar primordial pentru oricine se respectă în ceea ce este și trăiește.

O altă scuză auzită frecvent se bazează pe ideea că o persoană furioasă se va exprima doar de față cu cel care i-a provocat furia. Idee nobilă, care se asociază însă cu două obstacole: pe de o parte, persoana trebuie să aștepte ca celălalt să fie disponibil pentru a-l asculta și să-i acorde atenție, deși nimeni nu este cu adevărat dispus să asculte pe cineva cuprins de furie, și, pe de altă parte, această scuză înseamnă cel mai adesea că persoana care suferă din cauza propriei furii vrea, de fapt, ca celălalt să îi dea dreptate sau să discute despre fundamentul furiei sale. Or, furia este o emoție personală, care nu are nevoie de aprobarea sau de respingerea celuilalt și nici nu este necesar să se supună judecății sau recunoașterii sale. Din nou, o asemenea scuză este dovada că persoana în care mocnește furia nu se respectă suficient și trebuie să ceară celorlalți dreptul, permisiunea de a exista. Există oare această persoană pentru ea însăși? De ce să îți dorești atât de mult recunoașterea celuilalt privind ceea ce simți? Este acesta un mod de a fi? Evident că nu!

Deseori, individul nu recunoaște în el însuși propriile furii: nu le neagă în mod conștient, dar nu are sentimentul că este furios. Crede că nu simte furie, că aproape niciodată nu este furios, poate iritat uneori, dar această iritare dispare foarte repede. Persoanele stăpâne pe ele însele se prezintă adesea astfel: ele nu sunt furioase! Pot fi dezamăgite, decepționate de un eveniment anume, dar nu furioase; simt o oarecare tristețe, o nedreptate, dar niciodată furie. Dacă sunt întrebate ce cred despre persoanele colerice, furioase, răspunsul vine tranșant și zdrobitor: „Acestea sunt persoane care își pierd controlul și asta este detestabil, deranjant!" Echivalează cu pierderea demnității și, prin urmare, cu a fi judecați de ceilalți ca ființe incapabile să se stăpânească, ființe aproape periculoase.

De foarte multe ori, aceste persoane au trăit cu un părinte, un frate sau o soră colerică și păstrează despre ei o foarte proastă amintire. Nu vor cu niciun preț să le semene! Furiile sau iritările lor sunt atunci negate și complet refulate în cel mai adânc ungher al conștientului. Acest stadiu de nerecunoaștere a unei emoții normale este, evident, foarte îngrijorător pentru starea lor de sănătate, fiindcă furiile sunt ascunse foarte profund și timp îndelungat. În foarte puține momente, aceste persoane vor izbucni violent pentru o greșeală minoră și vor regreta reacția și mai mult după, completând astfel cercul vicios în care s-au instalat.

Este interesant să facem acești oameni să conștientizeze că cei care i-au traumatizat prin furiile proprii erau ființe care au acumulat frustrări de-a lungul timpului, fiind necesar apoi ca, prin crize violente, să se descarce; că recunoașterea și acordarea permisiunii de a le trăi reprezintă contrariul a ceea ce au cunoscut până în momentul de față la apropiații lor. Acest aspect este foarte important fiindcă, de foarte multe ori, se confundă „a-i sări muștarul, a exploda" cu exprimarea sănătoasă a furiilor. Diferența este importantă: a avea o criză de furie nu este același lucru cu a o exprima! O acumulare de furii resimțite, dar neexprimate, va declanșa adesea crize bruște, din motive ridicole și fără legătură cu intensitatea furiei. Așa cum am văzut anterior, vorbim despre mânie, nu despre o simplă furie.

Exprimarea unei furii se face față de sine, cât mai repede posibil după evenimentul care a declanșat sentimentul. Cuvintele utilizate pot fi violente, dar această violență nu se face în detrimentul celorlalți.

Dacă se face rezumatul diferitelor scuze care pot fi invocate pentru suprimarea furiilor, se va constata că toate, fără excepție, sunt formulate în numele celorlalți. Din nou, persoana nu își dă dreptul să existe și așteaptă de la ceilalți recunoașterea acestuia. Aici există o regulă elementară și esențială: nimeni altcineva, în afară de ea însăși, nu-i poate da dreptul de a exista. Să exiști înseamnă să îți trăiești propriile emoții, să îți urmezi propriile dorințe. Nimeni nu există cu adevărat dacă nu își îngăduie asta. Regula în cauză este înnăscută și se constată încă de la venirea pe lume. Dacă observăm copilul, și fiecare adult a fost, la rândul său, copil, ne dăm seama că nu are dubii în această privință: își trăiește emoțiile, dorințele, iar asta este ceva natural pentru el. Ființa adultă, educată, a pierdut de prea multe ori această noțiune și cere acest drept altora: părinților, șefului, persoanei cu care își împarte viața și, de asemenea (asta-i culmea!), propriilor copii...

Furiile refulate

Care este traseul pe care îl urmează în corp furia reprimată? Poate fi uitată? Se va șterge, se va dilua ca să dispară „cu timpul?" Această iluzie este foarte des întâlnită în rândul pacienților. Este plăcut să ne imaginăm că furiile refulate, netrăite, vor dispărea pe undeva și, datorită unui destin care aranjează bine lucrurile, vor cădea în adâncurile ființei noastre, pentru a nu mai ieși de acolo nicicând. Mintea noastră este cea care va juca parțial acest rol: furia suprimată nu va mai fi prezentă în spiritul nostru conștient, nici nu ne vom mai gândi la ea, o vom uita și, cu perseverență, prin voință proprie, ne vom convinge că nu mai există. Problema este că o astfel de convingere se sprijină pe o iluzie!

Să facem următorul exercițiu. Revenim la o furie păstrată în noi de multe zile, luni sau ani. Ne reamintim evenimentul care a provocat respectiva furie și încercăm să povestim acest eveniment altcuiva, cu ușurință. Amintirea va scoate la suprafață un sentiment pe care va trebui să încercăm să îl definim: vom constata atunci că o supărare, o enervare mai mult sau mai puțin profundă sau o iritare asociată evenimentului iese la suprafață. Această furie îngropată, închisă într-un sertar al ființei noastre, este mereu prezentă și foarte reală.

Deseori le cer pacienților mei să facă acest exercițiu și, în calitate de spectator atent la intonația vocii lor și la atitudinile corporale, depistez cu ușurință furia în ei. Este acolo, vie, palpabilă, intactă „ca și cum ar fi încă azi", în condițiile în care evenimentul a avut loc în urmă cu luni sau ani... De multe ori, mecanismele de apărare ale pacientului supraviețuiesc, în pofida rezultatelor clare ale exercițiului: furia nu mai este la fel de mare ca înainte și pare să nu mai aibă corporalitate, deoarece „aceasta ține de trecut" și „nu este de niciun folos să tulburi trecutul", mai ales dacă este dureros. Reacția pacientului este să îngroape din nou această furie și să o uite cât mai repede, ceea ce, de altfel, este foarte ușor!

Suzanne, în vârstă de 47 de ani, suferea de oboseală cronică, de insomnie și iritabilitate marcate, dar și de tendința de a se refugia în alcool, în care spunea că găsește puțină liniște, în special la sfârșitul zilei. De mulți ani, această femeie inteligentă, intuitivă și plină de umor trecea prin viață suferind în repetate rânduri de depresie. Urmase numeroase tratamente medicamentoase de care, de altfel, devenise dependentă (un medicament pentru insomnii, altul pentru calmare, ca să numim doar câteva dintre ele) și consultase, în zadar, mai mulți psihiatri. Viața ei de cuplu nu era armonioasă și îi reproșa soțului ei această stare, continuând să funcționeze însă ca o excelentă stăpână a casei și o mamă exemplară.

După câteva ore de conversație, Suzanne recunoaște că simțea o mare tristețe și că, în relația cu soțul său, bombănea constant și turba de furie deoarece nu îndrăznea să își impună personalitatea și opiniile, ea, care se considera „slabă și nulă". Această viziune negativă, această ură și dușmănie față de sine reprezentau exacerbarea furiei profunde pe care o resimțea și pe care trebuia fie să o dilueze în alcool, fie să o domolească cu ajutorul medicamentelor. În schimb, era conștientă că alcoolul și medicamentele nu puteau corespunde așteptărilor sale, din moment ce anii treceau fără ca lucrurile să se schimbe. Ba din contră, autodistrugerea își urma cursul. În tot acest timp, și-a exprimat Suzanne înverșunarea și furia? Nu, excepție fiind cele câteva scene făcute soțului, în timpul cărora, de altfel, nu i-a spus niciodată de marea sa frustrare în legătură cu viața lor sexuală nesatisfăcătoare...

Conștientizând propria furie, a început să o trăiască prin scris, deși acest lucru nu îi furniza decât o infimă și trecătoare stare de bine. Într-o zi, mi-a spus că turba când o vedea, copil fiind, pe mama sa, total mută și devotată tatălui său, un bărbat extrem de nervos și de o intoleranță profundă, care acționa ca domn și stăpân în mijlocul familiei sale. Știind că acesta din urmă a dispărut brusc în urma unui gest sinucigaș, am întrebat-o ce a simțit față de plecarea violentă și neașteptată a tatălui său. M-a privit stupefiată: „O imensă dezamăgire și, totodată, o ușurare". A recunoscut că în spatele acestei eliberări, al acestei despovărări se afla furie, dar nu-și dădea prea bine seama ce putea face cu ea, dat fiind faptul că tatăl ei decedase. Luând decizia de a-i scrie pentru a-i comunica furia, lucru pe care l-a și făcut timp de câteva ore, Suzanne s-a simțit extraordinar de eliberată, mai puțin tensionată și a pus punct, după aceasta, consumului excesiv de alcool. A încetat să mai ia medicamente și nu mai este o persoană depresivă!

Furia „uitată", cea împotriva tatălui violent, care și-a zdrobit soția și fiica și care a creat, astfel, un reflex condiționat la Suzanne față de soțul ei, era uitată de conștiență, dar își păstra toată actualitatea în adâncul ființei, dând naștere unor tensiuni imense, care i-au dominat mare parte din viața de adolescentă și de tânără femeie. Desigur, această furie trebuia să răzbată uneori, însă era imediat suprimată de pacientă, care, de fiecare dată, găsea motive bune să nu o trăiască!

O furie simțită și netrăită nu va fi niciodată uitată de ființa noastră profundă, chiar dacă intelectului nostru i se pare că a făcut-o. Ce devine această furie odată îngropată și ascunsă atât de profund în ființa noastră? Caută un loc în care să se cuibărească și în care să își continue munca de erodare, de subminare. Acest loc este, de cele mai multe ori, ficatul sau vezica biliară, dar, de asemenea, poate fi pancreasul, intestinul gros sau spatele (regiunea lombară și fața posterioară a corpului). Acest lucru va antrena, la un moment dat, dereglări ușoare sau superficiale, precum răceală sau sinuzită acută, sau tulburări mai profunde precum eczeme, artrită, diabet zaharat sau disfuncții în sfera hepato-biliară.

Corpul va exprima aceste dereglări nu pentru a ne pedepsi sau a ne irita și a ne indispune, ci pentru a ne aminti că am făcut alegeri care merg împotriva propriei ființe. Să nu uităm că cel mai bun prieten ne este tocmai corpul și că dorința sa nu este de a ne pedepsi, ci de a ne arăta, din iubire, că suntem pe cale să ne rătăcim! În acest caz, fie încercăm să descifrăm ce vrea să ne transmită, fie ignorăm mesajul și ne continuăm viața fără să ne facem griji din această cauză. În primul caz, ne vom exprima în sfârșit furia și ne vom vindeca foarte repede, în al doilea, tulburarea va rezista sau va dispărea temporar cu ajutorul medicamentelor mai mult sau mai puțin toxice, pentru a ieși la suprafață, mai devreme sau mai târziu, sub aceeași formă (atunci medicina va eticheta această tulburare drept „cronică") sau sub o formă mai profundă: printr-o eczemă, de exemplu, care va fi urmată de o alergie, printr-un astm sau printr-o afecțiune reumatismală etc.

Exemplul lui Peter este destul de revelator. Acesta a venit la consultație când avea 27 de ani, fiindcă suferea de astm de la 2 ani, pe care îl trata cu toată panoplia de medicamente antiastmatice și cu cortizon, în timpul crizelor. Motivul vizitei la cabinet a fost dorința de a reduce numărul medicamentelor și de a urma un tratament de fond mai „natural" decât cel pe care îl primise până la momentul respectiv. Am crezut că nu o să-l mai revăd niciodată după ce i-am spus că ar fi mai simplu și mai eficient să scape definitiv de astm decât să urmeze un nou tratament de lungă durată. Iar asta i se părea, practic, imposibil, văzut din perspectiva medicinii tradiționale...

Cu toate acestea, pacientul simțea că astmul nu se manifesta „din întâmplare" și că trebuia să aibă un motiv mai profund. Prezența astmului i-a atras multă atenție și iubire. Mama sa, o persoană reținută în plan afectiv, a trebuit să acorde multă atenție fiului, să îl îngrijească și să îi dedice mult efort, pentru ca episoadele de agravare a bolii, foarte angoasante pentru apropiați, să survină cât mai rar posibil. Pacientul și-a însușit un soi de rutină sau de fatalitate: de fiecare dată când se simțea contrariat de ceva sau de cineva, avea tendința să facă o criză. Pornind de la această observație, Peter a descoperit că aceste crize erau legate de refularea furiilor sale, care, rămase neexprimate, se concretizau sub forma crizelor de astm.

Treptat, în timpul întâlnirilor noastre, legătura dintre furia și astmul lui Peter a ieșit la iveală, întâi în plan intelectual, apoi, treptat, în plan fizic, când a constatat că, dând frâu liber iritării sale, reușea să diminueze și chiar să evite crizele. Încurajat de această descoperire, a continuat să își exprime furiile și supărarea, iar crizele de astm au devenit tot mai rare și au dispărut aproape complet în câteva luni.

Totuși, Peter era încă astmatic și îi era greu să oprească tratamentul de fond. Dar eram de acord în privința unui aspect: rădăcina problemei, cu alte cuvinte, cauza profundă a bolii sale, nu era încă rezolvată. De fapt, fusese doar abordată în treacăt, superficial. Apoi, într-o seară de noiembrie, Peter a intrat în cabinet, spunând că avusese din nou o criză importantă, care a impus tratament cu cortizon. Se gândea că această criză are legătură cu umiditatea specifică toamnei, dar i-am răspuns că am altă părere și că trebuia să înțeleagă ce încerca corpul său să îi spună prin această criză care, pe de altă parte, apăruse după multe luni de calm absolut. Peter nu găsea nimic deosebit care să îi fi putut declanșa criza, în afara unei scene familiale în timpul căreia fratele său mai mare și mama s-au înfruntat, reproșându-i că aceasta se ocupase doar de copilul bolnav.

Peter nu s-a implicat în această dispută violentă și nici nu a păstrat vie amintirea ei, în plan emoțional. După câteva momente îmi mărturisea că, de fapt, scena îi lăsase un gust amar, un fel de neliniște, indispoziție, dar lipsite de importanță. Nu l-am lăsat să ignore această indispoziție, spunându-i că ascundea ceva foarte important. Peter a înțeles că simțea aceeași furie ca fratele său, când, aparent, nu avea niciun motiv să fie furios pe mama sa, dimpotrivă! Cu toate acestea, trebuia să admită că fratele lui avea dreptate: mama lor nu avea grijă decât de bolnav și îi neglija pe ceilalți membri ai familiei.

Sentimentul era prezent, dar nu putea fi cu adevărat trăit în numele logicii, etichetei și dreptății. În plus, ce îi putea reproșa Peter mamei sale care i s-a dedicat în întregime, oferindu-i, astfel, toată iubirea posibilă? Răspunsul meu a fost foarte simplu: „Simțiți, da sau nu, furie împotriva mamei dumneavoastră? Nu vă întrebați dacă o merită sau nu, nu vă întrebați de ce sunteți furios, pur și simplu, trăiți-o! Dați-vă voie să o trăiți și încetați să mai disecați rațional, deci să fugiți de ea și să suferiți din cauza ei."

Drept urmare, Peter și-a permis să trăiască acest sentiment profund refulat încă din copilăria fragedă. Trăindu-l, și-a acordat dreptul să fie Peter, nu fiul unei mame iubitoare, dar incapabile să ofere fiului său calitatea iubirii de care acesta avea cu adevărat nevoie. Neprimind iubirea atât de dorită, furia s-a instalat, a fost îngropată, s-a transformat la început în eczemă, până la doi ani, apoi, în astm. După această zi, Peter nu a mai suferit niciodată o criză de astm, ba chiar boala a dispărut și, în consecință, a putut înceta orice tratament! Ce proces minunat și, mai ales, ce efect de subminare poate să aibă simpla suprimare a furiei! Așadar, am văzut, dușmanul nu este furia, ci încătușarea acesteia în interiorul nostru.

Moduri de exprimare a furiei

Acest subiect este reluat deseori în timpul consultațiilor mele. Vom vedea că, de fapt, nu atât exprimarea constituie rădăcina însăși a problemei, cât mai degrabă negarea dreptului de a-și exprima furia.

În primul rând, trebuie amintită faimoasa **lege a intenției**, fiindcă este fundamentală. Dacă prin exprimarea furiei intenția noastră este de a face rău celuilalt, atunci energia proiectată asupra acestuia ne va lovi ca un bumerang fiindcă este una negativă. Dacă, în schimb, intenția noastră este de a face bine, nu trebuie să ne fie teamă de o eventuală revenire negativă. Pare evident că unicul scop al exprimării furiei este binele propriu, nu răul celuilalt. Furia aparține doar celui sau celei care o simte; ea nu trebuie exprimată decât în intimitate, față de ea însăși, pentru ea însăși!

Acordarea dreptului de a fi furios este o condiție fără de care exprimarea acesteia este absolut imposibilă. Cel mai adesea, tindem să ne judecăm furia, să o analizăm și, din momentul în care o facem, ne distanțăm de ea. În acest caz, ieșim din ceea ce simțim și ajungem pe tărâmul mentalului. Începând cu acest moment, exprimarea ne devine imposibilă! Imaginați-vă, pentru o clipă, că sunteți pe punctul de a face dragoste. Ce se întâmplă? Vă concentrați *„pe"* și *„în"* sentimentul vostru de moment, vă abandonați complet și gesturile voastre nu sunt altceva decât exprimarea acestui simțământ de care sunteți pur și simplu absorbiți. Dacă începeți să vă observați prin intermediul intelectului, nu numai că vă veți judeca, ci, mai grav, în fracțiunea de secundă care va urma, veți înceta să mai trăiți un astfel de moment minunat.

Acordarea dreptului de a fi furios nu înseamnă că aveți dreptate să fiți furioși, înseamnă pur și simplu că sunteți, este o situație punctuală, asta-i tot! Existența acestui fapt este indiscutabilă: simțiți furie! De asemenea, nu trebuie să vă justificați față de ceilalți, din moment ce furia voastră vă aparține și nici nu se pune problema să o discutați cu ceilalți.

Potrivit legii intenției, ar fi total neavenit să izbucnești în fața altcuiva. La drept vorbind, ceea ce trebuie să îi comunicați este mesajul care se ascunde în spatele furiei, nu furia în sine. Imaginați-vă pentru o clipă că eu sunt furios pe voi, cititor sau cititoare, și că vă abordez cu jigniri și urlete; comportamentul meu va provoca în voi o reacție de protecție imediată, care vă va împiedica să mă înțelegeți și să mă ascultați. Această protecție, în funcție de temperamentul vostru, se va traduce fie în agresiuni verbale sau fizice, fie într-o atitudine indiferentă, fie într-una jignitoare. În oricare din situații, nu mi-aș atinge niciun scop. N-aș culege decât ce am semănat: violență și neînțelegere, nimic mai mult... Dacă, în schimb, îmi permit să fiu furios și să exprim acest sentiment într-un loc în care mă aflu singur și, după ce mă voi fi calmat, vă abordez pentru a vă comunica obiectul furiei mele. În mod sigur, de această dată, voi fi înțeles și ascultat.

Fără îndoială, s-ar putea răspunde că dacă o persoană reușește să se controleze, mesajul ar putea fi transmis cu calm, fără să fie nevoit să exprime furia. Ei bine, acest argument este înșelător, deoarece persoana din fața voastră este intuitivă și știe perfect că sunteți furioși. Instinctiv, va încerca să se protejeze și mesajul vostru nu va fi ascultat așa cum ar fi fost dacă v-ați fi acordat dreptul să vă trăiți, în prealabil, furia.

În concluzie, v-ați acordat dreptul să fiți furioși? Plonjați în furie atunci, ca să o simțiți, pe deplin, total... și în toată violența sa! Nu vă temeți de această violență, nu o judecați și nici nu încercați să o justificați sau să o explicați, fiindcă ar însemna că nu mai acordați atenție emoțiilor, ci că treceți totul prin filtrul minții. Destul de des, le cer pacienților mei să facă următorul exercițiu: trebuie să revină la ultima lor furie (iritare, enervare) trăită, dar neexprimată, și să își amintească sentimentul asociat acesteia. După ce își reglează respirația, le cer să descrie această furie: unde se află ea? Care este forma, mărimea, consistența, culoarea sa? Cu ce se aseamănă?

Constat cu surprindere că această descriere este pur și simplu completă! Să descrii proprietățile fizice ale unui sentiment pare delirant, chiar și pentru un spirit analitic și, cu toate acestea, persoanele cele mai introvertite reușesc foarte ușor să o facă... Odată resimțită furia, următoarea etapă nu mai reprezintă un obstacol, ci o necesitate, fiindcă invadarea, locul ocupat de aceasta devin insuportabile și rămâne doar dorința de a o evacua cât mai repede!

Exprimarea trece prin expulzarea emoției în afara propriei persoane. Această eliminare se face în mai multe feluri: prin cuvinte, țipete, scris, lovituri... de preferat, într-o pernă! Fiecare trebuie să își găsească modul personal de a efectua acest demers deoarece, întrucât educația noastră nu ne-a învățat cum să o facem, poate fi greu de identificat, la început. Interiorul unei mașini, unei băi, mijlocul unei păduri, de exemplu, sunt locuri în care furia poate fi exprimată. Înainte de a fi înlăturată, aceasta va urca la suprafață din pântece, apoi un sentiment imens de ușurare și de pace va invada persoana care își va asuma exercițiul: va urma o oarecare oboseală, dar se va estompa rapid. Din momentul în care este exprimată, se instalează o stare de bine, deoarece corpul ne transmite imediat un mesaj de felicitare, cu toată iubirea pe care o poate arăta. Acest mesaj este simplu. De fapt, ne spune că, atunci când avem grijă de noi înșine, starea de bine ne domină toată ființa: suntem în armonie. Dacă această stare de bine nu se resimte, înseamnă că furia nu a ieșit în totalitate.

Oare trebuie cercetate în memorie toate furiile neexprimate, pentru a fi analizate și pentru a le îndepărta din ființa noastră? Abordarea tradițională de tip psihanalitic propune această introspecție. S-a constatat totuși că această strategie este falsă. De fapt, dacă ne analizăm furiile, vom constata repede că se aseamănă mult și că, deseori, au aceeași cauză. Furiile resimțite pot fi clasate, la fiecare ființă, în câteva categorii principale: cele trăite în raport cu părinții, cele trăite în raport cu locul de muncă etc. În realitate, fiecare dintre furiile noastre se raportează aproape exclusiv la una dintre aceste categorii. În acest fel, timp de ani de zile, vom avea tendința de a ne închide în același tip de furie fiindcă viața caută, s-ar putea spune, să ne arate calea de urmat și ne va pune în aceleași situații până când vom înțelege.

De-a lungul existenței sale, omul întâlnește numeroase obstacole și, de fiecare dată când fuge de ele, acestea revin neîncetat, până când vor fi depășite. Tot la fel ni se întorc și furiile. Să le facem să iasă la suprafață din memoria conștientă este un exercițiu deranjant și inutil. Este suficient pur și simplu să reacționăm bine (adică să ne exprimăm) față de ultima furie resimțită, pentru ca toate celelalte de același tip să fie evacuate. Acest lucru explică de ce uneori, față de un eveniment aparent inofensiv, dar cu același caracter ca al altor evenimente din trecut, mai puternic resimțite și refulate, se exprimă o furie cu o intensitate disproporționată în raport cu sentimentul momentului. Acest fenomen de rememorare este important de înțeles fiindcă permite eliberarea a numeroase furii neexprimate, fără să fie necesară trecerea prin analiză. Acesta ne permite vindecarea rapidă, fără să ne mai afundăm în trecut, cu condiția, bineînțeles, ca procesul de exprimare a furiei să fi fost realizat eficient.

Tristețea

Ca și furia, tristețea este o altă emoție semnificativă, deseori ascunsă și, prin urmare, netrăită. Cauzele refulării, ale respingerii sale, își au, de asemenea, originile în educația noastră. Este cunoscut faptul că, de cele mai multe ori, nu este potrivit să ne arătăm tristețea, fiindcă îi deranjează pe ceilalți, trădează o „slăbiciune" în cazul celor care își dau voie să o trăiască. Foarte frecvent, exprimarea tristeții este asociată cu un exces de sensibilitate, cu o emotivitate tumultuoasă, cu o lipsă de control... Din păcate, tristețea înfrânată duce, de obicei, la pseudo-indiferență emotivă, la severitate față de propria persoană și față de ceilalți, iar ignorarea ei declanșează în corp o reacție negativă mai mult sau mai puțin puternică și proporțională cu intensitatea tristeții neexprimate.

Sediul corpului nostru, în care se vor exprima tristețile netrăite, este regiunea bronho-pulmonară, care cuprinde bronhiile, gâtul și plămânii. În funcție de intensitatea tristeții înăbușite, una sau alta dintre aceste părți ale corpului se va exprima printr-o boală: bronșită, pneumonie, cancer. De altfel, merită investigate cauzele reale ale cancerului de plămân. Niciun studiu nu a fost realizat în acest sens, dar sunt convins că, dacă s-ar fi efectuat, am fi descoperit că multe dintre cancerele pulmonare și bronșite au o origine care nu are legătură cu fumatul și că tristețea ascunsă se află la rădăcina acestei teribile boli. Acestea ar putea constitui o explicație a frecvenței deloc neglijabile a cancerelor pulmonare în rândul pacienților care nu au fumat niciodată și nici nu au trăit într-o atmosferă poluată cu fum.

Știința medicală se bazează pe statistici pentru stabilirea unei legături de tip cauză-efect între fumat și cancer. Cel mai des, aceste date iau în considerare registrele spitalelor și chestionarele medicale. Totuși, nu oferă câtuși de puțin răspunsuri la întrebările referitoare la tristețe și la durerea neexprimată, dintr-un motiv simplu și întemeiat: aceste întrebări sunt foarte rar adresate de medici, iar pacienții nu abordează acest subiect din proprie inițiativă, ceea ce este regretabil, fiindcă s-ar descoperi, fără îndoială, o corelație mai puternică între tristețe și cancer decât între fumat și cancer. Mi se pare evident și că o persoană care fumează și care nu își exprimă tristețea are toate șansele să moară din cauza unui cancer pulmonar!

Moduri de exprimare a tristeții

În cel mai natural mod posibil: prin plâns! Această modalitate foarte simplă și complet naturală permite o eliberare imediată și profundă. Nu șterge tristețea, dar o însoțește și atenuează din durere. Lacrimile îi calmează profund pe cei care dau libertate totală plânsului. Acest efect binefăcător ilustrează fidel modul corpului nostru de a ne vorbi: fie ne trimite un semn de bună dispoziție, când suntem în armonie cu emoțiile și ființa noastră, fie de indispoziție, atunci când luptăm împotriva emoțiilor.

Este foarte important să facem diferența între plânsul datorat tensiunii și cel cauzat de tristețe. Atunci când lacrimile sunt datorate tensiunii, poate fi perceput un sentiment de ușurare foarte scurt, superficial, care niciodată nu durează și, foarte repede, tensiunea revine la suprafață... până la viitoarea criză de plâns. Dimpotrivă, nu se creează nicio tensiune atunci când apar lacrimile de tristețe: alinarea este imediată și persoana se simte, dintr-odată, mult mai ușoară. Și în asta constă marea diferență, deoarece mulți oameni plâng atunci când sunt furioși, dar nu reușesc să plângă când sunt triști!

La 24 de ani, Stéphanie a trăit o despărțire sentimentală dureroasă. Deși ea a fost cea care a luat decizia de a se despărți, aceasta a fost foarte dificilă și învăluită în tristețe. Stephanie nu și-a acordat dreptul de a-și trăi tristețea, deoarece ea luase hotărârea. A plecat în America de Sud timp de un an, ca să uite ruptura și să își perfecționeze limbile cunoscute. Viața în America Latină a fost trepidantă și pasionantă, pe toate planurile.

Când s-a întors în orașul natal, a simțit dureri mari la nivelul plămânului stâng și curând a fost diagnosticată cu bronho-pneumonie. Negăsind o cauză a bolii lui Stéphanie, medicii au tras concluzia că aceasta trebuia să fie virală. În timpul șederii în spital, pacienta a suferit complicații și a dezvoltat o tromboză pulmonară. I-a fost prescris un tratament și astfel Stephanie a putut fi externată.

Acela a fost momentul în care am întâlnit-o, în cea mai jalnică stare, epuizată în urma a tot ceea ce tocmai trăise. Fiindcă nu se identificase cauza bolii, venise să se lămurească alături de mine și să întrebe, totodată, dacă un supliment de vitamine i-ar putea întări sistemul imunitar. După ce am discutat câteva minute, cauza bolii sale a ieșit la iveală: tristețea legată de despărțirea sa nu fusese niciodată trăită! Evident, datorită educației, Stephanie rămânea sceptică, dar cu toate acestea a inițiat (după un an!) procesul de încheiere a doliului. Eliberarea tristeții mergea mână în mână cu întărirea sistemului imunitar și cu amplificarea bucuriei de a trăi. S-a recuperat complet și cu o viteză care i-a surprins pe specialiști.

Cazul lui Stéphanie, foarte des întâlnit, din păcate, este mărturia perfectă a consecințelor nefaste pe care o tristețe netrăită le poate atrage asupra sănătății noastre. În decursul anului petrecut departe de orașul în care trăia bărbatul pe care îl iubise, Stéphanie și-a creat iluzia unei vieți depline: de bunăvoie, și-a lăsat tristețea deoparte, pentru ca „explozia" să fie mai intensă. În ciuda acestei precauții, totul a ieșit la suprafață odată cu întoarcerea sa: despărțirea, durerea, tristețea. Atunci, corpul nu a întârziat să îi trimită un mesaj prin intermediul unei bronho-pneumonii și al unei tromboze pulmonare, astfel încât ea să-și permită, în sfârșit, să trăiască ceea ce *trebuia* să trăiască.

„Gestionarea" emoțiilor

De prea multe ori, emoțiile trăite și resimțite sunt analizate, apoi disecate de persoanele suferinde sau, mai rău, de profesioniști care încearcă să le vină în ajutor, ceea ce este culmea stupidității și a incompetenței! Această analiză rațională și „logică" se revarsă foarte repede în fraze precum: „Aveți dreptate să simțiți asta", „Ar trebui să simțiți diferit acest lucru" sau chiar, „Nu există niciun motiv să fiți trist sau furios în legătură cu acest subiect. Viața trebuie acceptată așa cum este și să nu facem din țânțar armăsar." Acest refuz din partea unor interpuși sau a noastră înșine este foarte îngrijorător, fiindcă, treptat, poate conduce pacientul la respingerea a ceea ce simte și, în consecință, a propriei persoane. Acest lucru este cu atât mai periculos (de fapt, este vorba despre o greșeală profesională gravă) cu cât atunci când cei care promovează asemenea idei sunt terapeuți, se erijează în cenzori și judecă sentimentele pacienților, le compară între ele, în funcție de norme, aplică anumite criterii stranii și lipsite de orice credibilitate. Adevărul este că acești specialiști nu acordă dreptul la existență pacienților pe care pretind că îi vindecă!

În manieră similară, sintagma aflată acum la modă, „gestionarea emoțiilor", poate deveni foarte vătămătoare deoarece îl trimite pe pacient în sfera intelectuală, cel mai adesea supusă normelor impuse de societate și educație, și îi va confirma pacientului că este bine să continue să își controleze emoțiile. Drept urmare, furia și tristețea nu vor fi niciodată trăite, cel puțin, niciodată pe deplin, câtă vreme „gestionarea" va permite să fie considerată „normală" de către ceilalți.

Unele persoane îmi mărturisesc uneori: „mi-e imposibil să-mi trăiesc furia (sau tristețea) atât timp cât nu aș înțelege-o". Trebuie să încercăm să înțelegem „de ce-ul", motivul unei emoții? Prima reacție ar fi să le răspund că le-ar face mai bine să o exprime și, după aceea, dacă încă mai simt nevoia, să încerce să înțeleagă de ce și cum... Să facem totuși exercițiul și să ne întrebăm dacă a ne înțelege sentimentele ne ajută într-adevăr să le exprimăm.

Să ne întoarcem la cazul lui Stéphanie. Era tristă fiindcă îl părăsea pe bărbatul cu care avea o relație fără ieșire, o relație care nu-i putea satisface pe deplin dorințele. Ce este de înțeles aici? Nu mare lucru! Este oare nevoie să disecăm emoția tristeții și să ne întrebăm dacă această tristețe este justificată, corectă, normală, judicioasă? Oare o altă persoană „normală" ar fi reacționat în același mod? Dacă Stéphanie nu trăia o anume traumă în copilărie sau adolescență, ar fi fost la fel de tristă, ar fi fost altfel? Din punctul meu de vedere, toate aceste întrebări pot ajuta la înțelegerea tristeții, dar, în realitate, folosesc doar la prelungirea tăcerii la care recurge persoana care resimte o asemenea emoție. În tot acest timp, ea gândește, trece totul prin filtrul minții, dar asta nu o apropie câtuși de puțin de ceea ce este esențial: resimțirea emoțiilor.

O emoție *este!* Este unică și indivizibilă! Se respectă la fel de mult ca un individ, fiindcă se află în noi, cei care simțim. Nu este „negociabilă", nu se „gestionează"! Trebuie acceptată și trăită total, în întregime. Când nu este trăită, sau nu este decât parțial trăită, corpul, care este prietenul nostru cel mai loial, ne va aminti, într-un mod viu, prin tensiuni, simptome, boală.

Orice persoană care își permite, în mod direct sau indirect, să își împiedice sau să își interzică exprimarea unei emoții este vinovată de „asociere răufăcătoare" cu ea însăși. Atunci când un terapeut își permite să-și exercite puterea în acest sens, consolidează blocajul existent și devine cu atât mai periculos cu cât specialistul deține, în opinia bolnavului, cunoașterea și știința. Există persoane care susțin că dețin adevărul, când relevanța metodelor folosite nu a fost niciodată demonstrată și când totul se sprijină de fapt pe vorbe. Ele distrug mai mult decât alină și poluează spiritul adepților lor cu „toxine emoționale" excesiv de persistente și nefaste. Nu pot decât să recomand tuturor celor care frecventează acest gen de terapeuți să-și ia tălpășița cât mai pot să o facă și să se orienteze spre o medicină adevărată a sufletului, pentru a putea învăța să-și trăiască emoțiile și nu să „le gestioneze" cu ajutorul intelectului care, în multe cazuri, neutralizează exprimarea sentimentului.

Exprimarea sentimentelor

La început, o astfel de idee pare oarecum redundantă, dar, în realitate, marele obstacol este tocmai acesta în cazul majorității persoanelor care suferă; să nu uităm că însăși neexprimarea este rădăcina bolii. Ce este de făcut atunci când o emoție este blocată?

Pentru început, se recunoaște existența acestei tristeți sau furii, fără să fie negată, din motivele menționate mai sus. Această etapă este esențială și deseori ar trebui efectuată cu ajutorul unui terapeut. Prin „terapeut" mă refer la orice persoană care „îl ascultă pe celălalt", cu alte cuvinte, orice persoană care primește cuvintele cuiva care suferă, fără judecată sau critică. Un profesionist poate, bineînțeles, să joace rolul de terapeut, dar unul dintre prietenii noștri, o cosmeticiană sau coafeza noastră, poate, de asemenea, să aibă rolul de terapeuți ocazionali.

Așa cum am văzut când am abordat subiectul furiilor, să recunoști o tristețe sau o furie înseamnă nu numai să admiți că există în sine, ci, totodată, să o accepți în profunzimea propriei ființe. Este un aspect important fiindcă, fără acceptarea profundă, procesul de negare și de respingere continuă. Am văzut mulți pacienți „care acceptau" intelectual, mental și la nivel cerebral că puteau fi furioși sau ușor iritați. „Admiteau această posibilitate", nu o respingeau dintr-odată – ceea ce este deja o bilă albă –, dar nu simțeau în adâncul lor realitatea acestei emoții; ulterior, apărea negarea și foloseau toate scuzele posibile și imaginabile ca să explice terapeutului că le este inutilă exprimarea acestor emoții...

Să luăm exemplul unui pacient care suferea de colon spastic și care nu reușea să recunoască existența propriilor furii împotriva unei mame tiranice și invazive. Să-i cer să le exprime era în zadar, având în vedere că nu le simțea. În plus, din cauza educației sale, nici nu îndrăznea să își imagineze că ar putea începe să își exprime furiile împotriva respectatei și bătrânei sale mame. Pe scurt, eram total blocați. Așa cum se întâmplă deseori, acest pacient a salvat situația, furnizându-mi cheia răului care îl tortura. Sosind cu întârziere la una dintre consultații, mi-a povestit că un șofer îi ocupase locul de parcare rezervat, că a coborât din mașină ca să-i ceară explicații, dar că acesta i-a întors spatele și a plecat... Vizibil iritat de întâmplare, l-am întrebat cum reacționa singur, în mașină, atunci când un alt șofer îi întorcea spatele. Mi-a răspuns destul de jenat că îl numea în fel și chip și a recunoscut că îi făcea bine să procedeze așa, în special pentru că nu mai rumega întruna incidentul timp de ore, chiar luni de zile! Înțelegând, prin acest exemplu trăit de el și pentru el, că exprimându-și furia nu necesita nici prezența celuilalt, nici lezarea lui în vreun fel, a început să dea curs furiei pe care o simțea față de mama sa, lucru care l-a eliberat și alinat enorm.

Să o acceptăm în profunzime înseamnă să luăm contact cu această emoție care se află în noi. O resimțim atunci când pătrundem până în centru, adică până în pântece. Acolo sălășluiește, nu în capul nostru! Este aproape palpabilă atunci când este simțită! Deseori este foarte puternică, dureroasă și sfâșietoare. Să simțim înseamnă să recunoaștem că o emoție se află în noi. Fiecare dintre noi poate face asta și chiar a făcut-o, pe parcursul vieții, încă din fragedă copilărie.

Odată recunoscută, emoția trebuie acceptată. Această etapă este adesea un nou stadiu în timpul căruia pot apărea blocaje.

„Da, furia este prezentă, dar nu este chiar atât de importantă, ea nu poate da naștere unei mari suferințe; ea există, dar..." Acest mod de a vedea lucrurile este foarte comun. El face parte din negarea, respingerea propriilor emoții și, prin urmare, a propriei persoane. Vorbim din nou despre o lipsă totală a iubirii de sine. Să ne întrebăm următorul lucru. Cel mai bun prieten ne caută și ne mărturisește că este trist. Ce îl sfătuim imediat? Să uite tristețea și să vadă un film de comedie sau să plângă și să se simtă astfel mai bine, oferindu-i brațele noastre deschise? De ce nu îi suntem cu adevărat cel mai bun prieten și nu-i permitem să-și experimenteze tristețea?

Odată recunoscută și acceptată, o emoție trebuie să fie exprimată! Fără această ultimă etapă, orice vindecare este imposibilă și iluzorie. Exprimarea este singura cale posibilă și necesară. Doar ea permite evacuarea emoției și, prin urmare, eliberarea, care va lăsa să circule din nou energia blocată în noi. La rândul ei, mișcarea energiei va permite vindecarea, fiindcă rădăcina răului este, acum, extirpată. Această respingere în afara propriei persoane este esențială deoarece doar ea ne permite să „ne debarasăm" de emoție.

Să luăm un exemplu: în timp ce mănâncă, o persoană își pătează cămașa. Ce este de făcut? Să ascundă pata cu o mână pentru ca ceilalți să nu o vadă? Să o nege, încercând să nu se mai gândească la ea, sperând că, mai devreme sau mai târziu, va dispărea? Să o analizeze și să încerce să înțeleagă motivul profund al apariției ei, semnificația sa în planul metafizic sau în altul? Să se așeze în fața unui psihiatru, petrecând împreună ore în șir, astfel încât alte pete, deja trăite în copilărie și care se referă la părinții lui care nu l-au învățat cum să mănânce corect, să iasă la suprafață? Atâta vreme cât cămașa nu va fi spălată, pata va rămâne acolo și orice alt demers, oricât de interesant ar fi din punct de vedere intelectual, este destinat eșecului, unei mari pierderi de energie și de timp.

Întocmai ca pata, orice emoție neexprimată dăinuie în noi, continuă să facă rău și participă la procesul de nevindecare. Cititorul să nu facă confuzie în legătură cu comparația dintre emoție și o pată! O emoție, așa cum am spus deja anterior, este ceva nobil, fără de care viața nu există. Aceasta trebuie să fie trăită în momentul prezent, nu peste ani!

trăda, de a nu ne respecta, în concluzie, de a nu fi noi înșine, o ființă de lumină plină de iubire (pentru noi înșine și pentru ceilalți) și de pace. O tensiune ne spune: nu ești pe cale să trăiești, să fii.

AȘADAR, CÂND TRĂIM?

Ieri, azi, mâine? Răspunsul este simplu: trăim acum, în momentul prezent! Restul nu sunt decât amintiri sau gânduri. Nu simțim decât în prezent, nu în trecut sau în viitor. Ne amintim de sentimente trăite ieri, dar deja nu le mai trăim. Ne gândim la ce va fi mai târziu sau mâine, dar nu putem resimți nimic, fiindcă nu simțim decât în momentul prezent. În mod contrar, dacă ne gândim cu pesimism sau prin prisma unei viziuni de coșmar la ziua de mâine, simțim imediat o tensiune pe care o numim „teamă", „angoasă", „panică", dar care, în realitate, nu este decât o tensiune care arată, mai mult sau mai puțin intens, că deja nu mai suntem în prezent; în consecință, că nu mai suntem pe cale să fim, să trăim, ci să gândim... în viitor.

Acest mesaj transmis de cel mai bun prieten al nostru este unul de iubire pe care trebuie să îl respectăm și să îl ascultăm, nu o voce supărătoare pe care trebuie să o reducem la tăcere prin orice mijloace! Această constatare va atrage o nouă manieră de ascultare a propriului corp și a mesajului său și ne va conduce spre corectarea cât mai rapidă a greșelii noastre. În acest caz, scopul este să revenim în prezent și să ne alungăm gândurile, nu să credem că ceea ce urmează să gândim este fals sau lipsit întru totul de autenticitate. Într-adevăr, asemenea gânduri atrag, în general, și altele asemănătoare, perpetuând ciclul infernal.

Să revenim însă la Jean și la panicile sale. Cum am mai spus, acestea sunt resimțite fizic precum niște tensiuni intense și neplăcute și înseamnă că Jean se trădează pe el însuși, nu respectă sentimentele pe care le resimte în prezent, trăiește în sfera intelectuală, nu în strânsă legătură cu propria persoană. Gândește și uită să fie, favorizează intelectul în raport cu simțămintele. Trăiește deci în viitor, încercând să prevadă tot ce i s-ar putea întâmpla (neplăcut), nu în prezent: deja se vede străbătând diferite trasee, când, în realitate, stă confortabil în fotoliu, la el acasă!

Ce mesaj poartă frica și angoasa?

Tensiunile generate de teamă și angoasă sunt mesaje pe care corpul ni le trimite ca să ne spună că suntem în viitor, că acest mod de a fi este neautentic și că trebuie să revenim, neîntârziat, în prezent, singurul moment pe care trebuie să-l trăim. În același fel, tensiunile legate de vinovăție ne transmit că suntem ancorați în trecut, ceea ce înseamnă că nimic nu îl poate schimba și că o astfel de refugiere nu aduce nimic bun sau constructiv.

Prin acest demers, corpul încearcă să ne facă să reluăm contactul cu ființa noastră interioară, nucleul nostru fundamental. Teama ia naștere în urma trădării acestui nucleu. Când trăim, dar nu o facem în raport cu noi înșine, ci poziționându-ne în raport cu ceilalți și cu lucrurile exterioare, pierdem contactul cu nucleul nostru și adoptăm sistemul de referințe stabilit de ceilalți. Începem atunci să le căutăm aprobarea, lucru care ne face să fim într-o permanentă stare de cugetare. De fapt, să ne dorim aprobarea celorlalți înseamnă să ne imaginăm, să anticipăm reacțiile lor viitoare față de acțiunile, cuvintele și atitudinile noastre.

Dorința de a fi iubit de ceilalți este întețită de teamă și, inevitabil, conduce înapoi la aceasta. În plus, o asemenea dorință ne împinge fără preget la aspirația de a controla evenimentele și anturajul: corolarul său este teama! Teama că acest control nu este perfect, cum ne-am dori, teama de a pierde aprobarea celorlalți. Căutarea puterii, sentimentele de superioritate și de inferioritate, gelozia și dorința se nasc din trădarea și din absența respectului de sine. Căutând stima cu orice preț, ajungem să acordăm o importanță nemăsurată lucrurilor exterioare, funcțiilor prestigioase, bogăției, care nu sunt decât stări trecătoare ale lui „*a nu fi*". De îndată ce aceste elemente dispar, nu mai rămâne nimic, în afară de vidul absolut. Teama de a cădea în acest abis atinge atunci paroxismul și dorința de control este tot mai mare; se generează cercul vicios și doar o întoarcere la sine, adică la liniștea spiritului, poate permite regăsirea calmului și seninătății. Nucleul fundamental este, de fapt, liber. Nu se compară cu ceilalți fiindcă el este Totul. Nu îi pasă dacă este mai puternic sau mai slab decât ceilalți; se mulțumește să fie, în prezent, modest și natural. Se respectă și, prin urmare, îi respectă pe ceilalți fiindcă știe că aceștia sunt ca el: energie și informație, mai mult sau mai puțin folosite sau exploatate.

Jean a înțeles că până atunci își controlase emoțiile. De teamă că nu va fi iubit așa cum își dorea, a trebuit să îmbrace haina fiului „fără probleme", calm, senin, care nu punea nicio problemă părinților săi în privința educației. Acționând în acest fel, s-a pierdut, iar hașișul, abolind toate barierele înălțate în fața lui de atâția ani, i-a revelat profunzimea tristeții și furiei sale față de propriul comportament. Realizând acest lucru, Jean a putut atunci să își trăiască furia și tristețea resimțite și s-a eliberat de frici și de spaimele sale profunde. Nu mai ia medicamente și nu mai are nevoie de niciun fel de sprijin!

Vedem că, prin aceste tensiuni, corpul, spre deosebire de intelect, ne readuce întotdeauna în momentul prezent și, imediat ce părăsim acest moment, ne amintește că nu trăim nici în trecut, nici în viitor, ci acum! Ne spune: „Trăiește și încetează să te mai gândești la ce ți s-ar putea întâmpla mâine. Nu te mai gândi la ce a fost ieri: profită de ziua de astăzi!" De asemenea, ne transmite un alt mesaj esențial, încoronarea sa: „Trăiește ce simți și nu mai gândi!" Nu putem gândi și simți în același timp: este o contradicție absolută în termeni. Obișnuiesc să le reamintesc pacienților mei că dacă se simt bine atunci când ascultă muzică, se bucură de momente de intimitate cu partenerul, contemplă un peisaj sau asistă la un spectacol este pentru că nu gândesc, ci, dimpotrivă, simt. Dacă în asemenea momente permitem minții să intervină, nu ne mai bucurăm de clipă și, drept urmare, nu ne vom mai putea aminti ce am văzut, făcut sau ascultat, în afară de starea de rău și de tensiunea resimțite.

Trăirea momentului prezent, esențială pentru menținerea unei sănătăți optime sau pentru vindecare

Să ne gândim cum eram în copilărie. Copilul trăiește în întregime în prezent. Nu știe ce este mâine sau ieri sau mai târziu. Vrea o înghețată imediat, nu mâine! O va arăta, de altfel, prin plâns și crize până când o va obține sau va fi certat. Încercați să-i explicați că-și va mânca înghețata mâine, nu va înțelege, fiindcă această noțiune îi este complet străină. Îi vor trebui ani ca să asimileze noțiunea unui alt timp decât cel necesar vieții: prezentul. Copilul va trebui „educat" pentru a-i insufla noțiuni despre timp, care nu sunt altceva decât niște construcții ale remarcabilului nostru creier! Pe de altă parte, este interesant să menționăm faptul că, după ce am investit atât de mult timp pentru asimilarea noțiunilor de trecut și viitor, teoria relativității timpului a demonstrat că acesta este, de fapt, o noțiune variabilă, volatilă și, în consecință, în mod clar, caracterizată printr-o semnificativă dimensiune intelectuală!

Ce înseamnă „să trăiești clipa, momentul prezent", în viața de toate zilele? Înseamnă, oare, să nu anticipezi nimic și să cedezi tuturor dorințelor și instinctelor? Să trăiești clipa nu înseamnă să nu mai gândești sau să renunți la inteligență, din contră! Să fii tu însuți și să trăiești în prezent creează plenitudine, bucuria de a trăi în armonie. Să te abandonezi ție însuți nu înseamnă să nu pui frâu instinctelor, ci a permite să se întâmple, a accepta ceea ce este și ceea ce suntem în esență, adică buni și înzestrați cu numeroase calități.

Rațiunea nu este decât o parte care deservește Totului și nu o anexă principală a omului, una care să conducă tot, onorând tot ceea ce alții l-au învățat și negând tot ce nu este raționament și raționalitate. Rațiunea trebuie să fie la dispoziția năzuințelor omului și nu invers. Ea va organiza, de exemplu, călătoria pe care dorim să o facem, dar nu va fi cea care va fi decis: ea acționează în aceeași calitate în care o fac brațul, picioarele și toate celelalte părți ale corpului. Înfrumusețează, împodobește ființa care o folosește și participă la propagarea sa: este o unealtă, nu un scop.

Din păcate, să gândești nu aduce, de multe ori, decât probleme și tensiuni! Într-adevăr, în cea mai mare parte a timpului gândim „în gol", nu în mod aplicat. Mintea noastră se avântă spre viitor, inventează un scenariu catastrofic sau idealist, însă realitatea se dovedește diferită de fiecare dată. De exemplu, vom anticipa că vom petrece această seară într-un mod minunat, fiindcă la ora douăzeci și două ființa iubită va ceda farmecului nostru. Dar, fără îndoială, nu va ajunge la timp, nu se va lăsa ispitită sau un impediment de ultim moment o va obliga să anuleze întâlnirea!

Ca să ne convingem cât de inutil este să gândim în viitor, nu trebuie decât să numărăm de câte ori nu am auzit frazele următoare: „Niciodată nu m-aş fi gândit că acest lucru s-ar întâmpla" sau „Este ultimul lucru la care m-aş fi gândit!" De cele mai multe ori, gândim fals! Creierul nostru nu este atât de strălucit pe cât ar vrea omul. Este incapabil să aleagă între trei posibilităţi. Este un calculator care a fost programat într-o oarecare măsură, pe parcursul educării sale. Nu simte nimic şi este pur analitic. Este capabil să prezinte elementele pro şi contra, dar este un tovarăş jalnic atunci când trebuie să facă o alegere. După părerea mea, faimoasa frază a lui Descartes „Cuget, deci exist" este una dintre cele mai mari stupidităţi enunţate în sec. al XVII-lea. Din păcate, prea mulţi dintre noi sunt în continuare convinşi de măreţia acestui postulat.

Am obiceiul de a-mi întreba pacienţii: „Când vă treziţi dimineaţa, vă întrebaţi mâna dreaptă ce doreşte să facă azi?" De ce să faceţi asta cu creierul? Acelaşi creier care, pe cât de limitat şi nefericit sfătuitor este, devine, în schimb, un instrument ireproşabil atunci când este pus la dispoziţia fiinţei care suntem şi a oricărei alte părţi a corpului nostru. Să ne amintim însă că nici creierul şi nici mâna dreaptă nu decid, ci omul, fiinţa este cea care ne decide şi ne coordonează acţiunile şi care împuterniceşte, parţial, creierul. Atunci, calculatorul devine superperformant fiindcă este condus de o fiinţă dotată cu inteligenţă, sensibilitate, intuiţie, creativitate. Această fiinţă, cu dorinţele ei, este cea care îndrumă calculatorul şi îi cere să îndeplinească unele sarcini importante.

„Să proiectezi" diferă foarte mult de „să gândeşti în gol". Atunci când proiectăm ne folosim creierul în scopul organizării unui eveniment sau a unei acțiuni pe care ne dorim să o trăim sau să o realizăm. Ce este un proiect, dacă nu proiectarea unei dorințe din prezent, de care ne vom bucura mai târziu? Când simțim o dorință care emană din centrul ființei noastre (nu din creier!), ne punem creierul în serviciul ei, pentru ca aceasta să se poată concretiza. Acest raționament va fi foarte diferit de cel care ne stârnește fricile deoarece un proiect este o năzuință prezentă, pe care o organizăm cu ajutorul creierului, cu scopul de a o trăi (poate!) într-o zi.

Buna dispoziție resimțită în corp ne dovedește că, atunci când proiectăm un lucru, nu simțim tensiune, ci, de cele mai multe ori, un entuziasm binefăcător. În schimb, atunci când ne imaginăm că vom trăi un anume eveniment mâine, fie simțim o bună dispoziție artificială (în cazul visării cu ochii deschiși), fie o tensiune (în cazul coșmarului), fie ambele, alternativ. Este foarte simplu, cu condiția să ne ascultăm pe noi înșine!

În consecință, să trăiești momentul prezent înseamnă să „nu mai gândim în gol", adică să nu gândim inutil. Dacă înțelegem acest lucru, ne reîntoarcem la sentimente, la baza inteligenței noastre autentice și native. Nu trăim numai prin rațiune, suntem mult mai mult decât ea. A exista reunește mult mai multe capacități decât cugetul, fiindcă nu inteligența simte fericirea, bucuria, tristețea... desigur, rațiunea există, dar ea servește aspirațiilor noastre profunde. Creierul permite comunicarea și posedă multe alte puteri, cu toate acestea, nu este centrul omului. Pentru a ne convinge, este suficient să observăm locul său în corpul uman!

„Să trăiești momentul prezent" în fiecare zi

Termenul „a fi în viață" cuprinde atât de multe semnificații, încât ar fi foarte dificil să îl definim în câteva cuvinte! Să încercăm, totuşi! Este un ansamblu de emoţii, de senzaţii, de intuiţii. Intuiţia nu este un gând; este un sentiment care emană din străfundurile fiinţei noastre, care ne avertizează, ne ghidează, ne face să presimţim unele lucruri sau evenimente care vor urma. Intuiţia este antiteza „gândirii în gol", face parte dintre numeroasele sentimente care locuiesc în fiinţa noastră şi care fac în aşa fel încât „să fim". „Să fii în viaţă, să trăieşti" înseamnă să fii în contact cu totalitatea sentimentelor tale. Acest contact nu poate fi stabilit decât în momentul prezent! Nu trăim mâine, nici ieri, nici mai târziu! Viaţa nu este decât o succesiune de momente prezente, în timpul cărora simţim, acţionăm, vorbim şi gândim. Această mulţime de fenomene formează viaţa în prezent, o viaţă mai mult sau mai puţin intensă, în funcţie de ingredientele pe care le avem la dispoziţie sau pe care vrem să le utilizăm.

Aceste ingrediente sunt calităţile, forţele interioare de care dispunem din momentul naşterii; cele pe care le vom poseda până la moarte. Calităţile pe care le are orice fiinţă variază în intensitate şi repartizare, lucru care creează particularitatea fiecărui individ. Folosirea sau nefolosirea acestora din urmă în viaţa cotidiană ne va determina fericirea şi starea de sănătate. Să fii în viaţă, să trăieşti este, de asemenea, determinat de modul în care ne utilizăm potenţialul. Atunci când îl utilizăm în întregime, simţim o plenitudine, o armonie şi o pace interioară pe care le vom numi „fericire". În schimb, dacă nu exploatăm acest potenţial, vom resimţi tensiuni şi vom fi nefericiţi (aceasta nu înseamnă trişti!).

Multe persoane spun că tot acest discurs sună foarte frumos, dar că viaţa ne pune în situaţii imprevizibile, care ne provoacă „nefericire" şi care ne forţează să ne îndepărtăm de nucleul nostru fundamental, de ceea ce nu aparţine intelectului. Şi au perfectă dreptate: viața nu este roz în fiecare zi și își atrage suita de greutăți. Nu se pune problema să fugim de această realitate, ci să facem față evenimentelor dureroase, cu ajutorul potențialului nostru vast. Atunci când momentul prezent se dovedește a fi dificil este cu atât mai important să „îl trăim", deoarece exact în acele clipe sentimentele noastre ar trebui să fie foarte prezente, astfel încât să găsim în interiorul nostru forțele necesare.

Dacă alegem să ne lăsăm pradă toanelor sau fanteziilor specifice greutăților, adică să ne poziționăm în raport cu acest moment și să nu mai rămânem centrați, atunci ne vom pierde identitatea și nu vom fi decât niște persoane care luptă. Vom pierde multă energie, ne vom provoca blocaje și vom fi nefericiți, angoasați și așa mai departe. Prin acest dezechilibru, corpul nostru va încerca să ne transmită un mesaj: „Nu mai ești centrat pe tine însuți. Ești pe cale să te pierzi în favoarea a ceva ce nu ești tu. Trăiește ceea ce simți față de acest eveniment dificil: tristețe sau furie. Încetează să te mai gândești și acceptă să trăiești pe deplin tot ceea ce simți!" Nimic din ce este mai profund în noi înșine nu ne va îndemna să ascundem evenimentul, ci, din contră, ne va împinge să îl trăim în esența noastră, adică prin intermediul sentimentelor, nu pe calea minții, a intelectului!

Sylvie lucra de câțiva ani într-o multinațională. Era obosită, insomniacă și suferea de arsuri gastrice cronice. Toate aceste simptome durau de aproximativ doi ani, când în companie circulau zvonurile unei fuziuni cu o societate al cărei sediu social era într-o țară străină. Se temea că își va pierde funcția și nu dorea să părăsească orașul în care locuia. Fricile și angoasele, cu apanajul lor de neliniște, stări de rău și oboseală, o copleșeau regulat.

Sylvie realiza cât de inutil era să se gândească la un eveniment care nu avusese loc, dar „nu se putea abține". Ce îi spunea corpul său? „Bravo, e foarte bine, trăiești prezentul?!" Cu siguranță, nu, dacă dăm crezare simptomelor. Cel mai bun prieten îi spunea clar că trebuia să revină în momentul prezent, să trăiască ceea ce simțea și să permită zilelor fericite să vină.

Atunci, Sylvie a început să practice relaxarea, care a ajutat-o mult să își calmeze stările de rău și să nu se mai gândească la acel viitor ipotetic, cel puțin o perioadă. Din păcate, fuziunea s-a produs după un an jumate și stările au revenit, cu atât mai intense cu cât Sylvie a fost concediată! Nu înțelegea de ce tensiunile nu dispăreau, mai ales că ea continua asiduu procesul de relaxare. Nu trăia în viitor, evita să se gândească la ce va urma să se întâmple, avea încredere în clipa de față și în steaua ei norocoasă și, cu toate acestea, arsurile la stomac și insomniile au reapărut.

Înțelegea că mesajul corpului său era că se află pe o pistă falsă, însă nu-și putea da seama în ce fel. Când am întrebat-o ce simțea, mi-a răspuns că, pe de o parte, era ușurată de decizia care a fost în sfârșit luată, în ceea ce o privește, dar că, pe de altă parte, era tristă fiindcă a pierdut această slujbă pe care o adora. Își permitea să plângă și, respectându-se în acest aspect, înțelegea și mai puțin motivul stărilor sale. Oare nu resimțea și furie? Atunci a înțeles că era furioasă fiindcă era victima acestei fuziuni, care îi zdruncina lumea, fiind și eliberată și tristă din aceeași cauză. Dar cu furia ce făcea? Nimic, de unde și simptomele, care au dispărut imediat ce și-a trăit-o.

Să trăiești înseamnă să accepți viața din fiecare zi, cu micile sale bucurii, dar și cu momentele mai dureroase și dificile; înseamnă să accepți viața, rămânând însă tu însuți, cu alte cuvinte, nedistanțându-te de sentimente, ci trăindu-le în prezent. Atunci, corpul ne va felicita și vom fi senini, inclusiv în momentele grele. Această fabuloasă capacitate de a trăi prezentul trebuie să ne facă să conștientizăm mijloacele nelimitate pe care le deținem. Este suficient să trăim și să avem încredere fiindcă în noi există toate resursele pentru a face față oricărui eveniment!

Eradicarea „gândirii în gol"

Este ușor să recunoaștem că este inutil să gândim atunci când acest demers nu acționează în serviciul unei dorințe; dar uneori este greu să blocăm mecanismul pe care educația noastră l-a creat ca să ne putem apăra și să nu suferim.

Am văzut mai devreme că, atunci când trăim în trecut sau în viitor, suntem pe punctul de a gândi și a nu mai simți nimic, cu excepția unei tensiuni mai mult sau mai puțin intense. Ca să revenim la momentul prezent și, prin urmare, la sentimentele noastre, trebuie să utilizăm tehnici care ne vor permite să încetăm să gândim și să ne reîntoarcem în centrul nostru.

Recentrarea cu ajutorul respirației

Multe tehnici ne sunt la dispoziție, de la cele mai simple la cele mai elaborate. Însă toate acordă o importanță primordială unei funcții fără de care nu putem trăi: respirația! Această mișcare mecanică este, în realitate, încărcată de semnificație. Observând pe cineva care respiră, fiecare poate recunoaște unele aspecte, fără să fie neapărat un terapeut emerit. Dovadă sunt exprimările din popor. Nu se spune: „Asta mi-a tăiat răsuflarea?", referindu-ne la o emoție intensă, sau „Abia mai respir", atunci când suntem epuizați? Când suntem tensionați, respirația ne devine superficială și se accelerează. Acest mod de a ne scurta suflul este cel mai bun mijloc prin care ne anesteziem, slăbind astfel energia care circulă. În schimb, într-un moment de liniște, respirația noastră devine profundă și lentă. Respirația este o acțiune a vieții și ne poate ajuta să ne recentrăm în prezent, simplu și eficient.

Exercițiul de bază al respirației, pentru relaxare, este următorul: este suficient să amplificăm respirația mecanică, conștientizând că, de cele mai multe ori, este superficială. Atunci trebuie să respirăm „cu abdomenul" și să ne concentrăm pe inspirații și expirații. Încet-încet, respirația devine tot mai profundă, expirația, mai lungă și mai intensă. Nu vom descrie aici amănunțit această tehnică, predată de terapeuți și care poate ajunge până foarte departe în sine (și, în cele din urmă, în afara sinelui) când este împinsă spre paroxism. Să reținem că respirația abdominală ne ajută să obținem relaxarea de care avem nevoie, urmată de dizolvarea tensiunilor resimțite și starea de bine.

Cum se poate explica acest fenomen? Ca să respirăm cât mai profund, trebuie să ne îndreptăm atenția spre abdomen, deoarece respirația noastră este, de obicei, superficială, excepție făcând momentele în care dormim sau ne odihnim. Această tehnică ne obligă să nu mai gândim și, cu aceeași ocazie, să rămânem în prezent, fiindcă nu respirăm nici mâine, nici ieri, ci acum! Ne reîntoarcem atunci în centrul ființei noastre, nu mai gândim și, prin urmare, începem să simțim, ceea ce atrage o imediată relaxare! Prin acest mesaj, corpul ne spune: „Foarte bine, ești din nou în contact cu tine însuți!"

După părerea mea, respirația este un lucru atât de important, încât învățarea ei ar trebui să fie integrată în educația de orice fel și, întrucât nu este cazul încă, de toți pacienții. Această tehnică de bază ar trebui să fie învățată în spitale, clinici și centrele de sănătate, lucru care, de altfel, a început să se facă (în special în California). Este practicată de multă vreme de sportivii de nivel înalt, de artiști și multe alte persoane, dar învățarea acesteia ar trebui să fie parte integrantă a oricărei abordări terapeutice și ar trebui inclusă în orice studiu medical, lucru care este departe de a fi înfăptuit în unanimitate, din moment ce medicina tradițională favorizează, de mulți ani, relaxantele chimice, a căror acțiune maschează și ascunde tensiunile și nu readuce pacientul în centrul ființei sale, ba din contră, îi îngreunează demersul.

Trăirea tăcerii

Respirația permite, de asemenea, instalarea tăcerii în noi înșine, care oferă o cale complementară de revenire la momentul prezent. „Tăcerea este de aur", spune proverbul. La început, este greu să trăiești tăcerea. De fapt, făcând acest exercițiu al tăcerii, ne dăm seama de amalgamul incredibil de zgomote exterioare și interioare în care trăim în fiecare zi. Cu toate acestea, experiența este simplă și ar trebui practicată regulat. Tot ce avem de făcut este să ne extragem activităților precum pălăvrăgeala, privitul la televizor, ascultarea radioului sau cititul. Făcând liniște în jurul nostru, vom percepe că adevărata liniște nu este prezentă în noi și că intelectul nostru continuă să lucreze, că discursul interior n-a încetat și chiar pare că se amplifică. Constatarea aceasta poate crea anxietate unora, dar, în curând, se va instaura tăcerea și va reduce la zero zumzăitul interior, obscur și dezordonat; acela va fi momentul în care pacea ne va invada, astfel încât să putem intra în contact cu nucleul nostru fundamental, *non-intelectul* nostru.

Ca să înțelegem importanța tăcerii interioare, să ne imaginăm o încăpere izolată fonic. Cel mai mic zgomot auzit în această cameră va fi perceput foarte clar și se va propaga în interiorul său. În schimb, în stradă, este posibil ca zgomotele să nu fie percepute din cauza gălăgiei înconjurătoare. Prin analogie, un sentiment care degajă din ființa noastră are nevoie de liniște ca să fie perceput și trăit în mod conștient. Dacă zgomotele exterioare și interioare sunt prea mari, acest sentiment va fi nepercepuț și vom trece pur și simplu pe lângă el. Și știm că factura pe care trebuie să o plătim pentru aceste „uitări" de noi înșine riscă să fie piperată! Practica tăcerii permite atingerea unui stadiu de conștiință mult mai subtil și nuanțat, mult mai apropiat de ceea ce suntem cu adevărat, dar prea des neglijăm, bruiați de dialogul interior, care nu încetează să ne acapareze spațiul interior și să ne denatureze ființa reală.

Să trăim tăcerea cu ajutorul respirației face posibilă revenirea la centrul ființei noastre și la nucleul nostru fundamental. Acest nucleu este prin excelență calm, conține toată cunoașterea, forța și devenirea ființei noastre: el *pur și simplu este*! Ne permite să intrăm în contact cu viața și pulsul ei profund, purtător al creativității nelimitate. Acest nucleu ne conectează la cosmos, la pământ, la viață, în toate formele ei. Este, totodată, unic și multiplu, original și asemănător: conține Totul. Ne asigură această putere reală (nu visată!) pe care o simțim atunci când suntem în comuniune cu universul, în momentele noastre de mare fericire. Acest nucleu există, liber, în prezent. Nu se teme de nimic și este singura cale prin care avem acces la seninătatea pură. Este energie și conține informația înnăscută, la fel ca tot ce este viu în univers; astfel, este în contact cu restul universului și în permanentă schimbare, fiindcă este mobil, dinamic. Nu dă nicio luptă, se mulțumește să fie. Conține informația de mâine, tot la fel cum mugurul conține viitoarea plantă, care nu poate exista dacă el nu are posibilitatea de a exista *azi*.

Intelectul însă este instrumentul care ne deconectează de momentul prezent și, în consecință, de nucleul nostru fundamental. El este zarva din creierul nostru, poluând cu zgomote inutile și perturbatoare ceea ce fastuos numim „gândurile noastre". Mintea, intelectul organizează o pseudo-informație, o momeală de inteligență, o lume virtuală, populată de monștri sau creaturi din vise. Este imobilă, lipsită de energie, nu conține decât ceea ce ne-au învățat alții, nu întreține nicio relație de iubire cu viața. Ne atrage în gol, în timp ce nucleul nostru este doar plenitudine.

Cu excepția respirației, orice ocupație care ne permite să trăim în prezent ar trebui să fie folosită ca metodă de relaxare. Fiecare dintre noi iubește să practice o artă sau un sport, să citească, să grădinărească, să facă mici reparații sau lucrări de amenajare, să coasă etc. Aceste activități ne readuc în momentul prezent și pot fi foarte utile ca să nu mai gândim în gol. Atenție, însă! Nu înlocuiți „a fi" cu „a face"! Mulți oameni aleargă toată ziua, spunându-și că sunt „foarte ocupați", și uită să existe! Ar trebui să se oprească pentru o clipă, să respire, să facă liniște în ei înșiși și ar descoperi atunci atenția pe care le-o solicită corpul lor.

Toate mijloacele care ne readuc în centrul ființei noastre sunt de luat în considerare. Fiecare dintre noi trebuie să le aleagă pe cele spre care se va îndrepta. Liniștea și respirația reprezintă bazele fără de care adevărata stare de bine nu se poate instala.

Capitolul 4

Stresul

Stresul, așa cum este definit de Hans Selye după descoperirea sa în 1928, este „un răspuns nespecific al organismului uman la orice stimulare". Această reacție automată a corpului este perfect naturală și, ca atare, nu este patologică, din contră. Este cea care, de exemplu, ne va permite să ne adaptăm la condiții climatice diferite sau să facem față situațiilor neașteptate.

Să reținem că reacția corpului nostru va fi aceeași, fie că stimulările vor fi pozitive sau negative, deoarece, de foarte multe ori, asimilăm stresul unei situații nefaste, ceea ce nu este cazul. Reacția corpului nostru este adaptată la stimularea pe care o primește. Stimulările pot fi exterioare, căldura și frigul, sau interioare, bucuria și tristețea.

Credința, convingerea populară vor ca stresul să fie cauzat de greutățile vieții de zi cu zi, care dau naștere bolilor. Este complet fals! Nu stresul în sine este negativ, ci reacțiile noastre față de el. Reacțiile noastre negative sunt cele care zămislesc bolile. Corpul reacționează automat printr-o serie de evenimente chimice foarte complexe. El este perfect adaptat să facă față, prin acest mecanism, stimulilor vieții exterioare sau interioare, atâta timp cât rămân în limitele suportabilității. O temperatură foarte ridicată, de exemplu, ne va face corpul să reacționeze și această reacție este cea care constituie stresul. Dacă temperatura este mult prea ridicată sau dacă suntem expuși prea mult timp, consecința va fi o epuizare a tuturor reacțiilor „normale" care provoacă, astfel, probleme grave, care nu vor fi rezultatul unui dezechilibru față de o situație dată, ci al unei suferințe față de o agresiune, situație diferită de stresul pe care îl trăim zilnic.

Care sunt mecanismele intime ale reacției automate a corpului față de stres, indiferent că vorbim despre stimuli exteriori sau interiori? Sistemul nostru nervos central este compus din doi centri principali: un centru de stimulare, numit „sistem simpatic", și un altul de relaxare, numit „parasimpatic". Când apare o stimulare, sistemul simpatic se pune în mișcare și o infinitate de reacții chimice sunt declanșate în corp: puls accelerat (tahicardie), transpirație, tensiune în mușchiul trapez (între baza gâtului și umeri), gură uscată și altele.

La scurt timp, sistemul parasimpatic începe să acționeze pentru a provoca o relaxare care apare, de obicei, în urma unei serii de reacții chimice opuse. Această relaxare pune capăt tahicardiei, transpirației excesive și tensiunilor musculare. Senzațiile de tensiune și relaxare care se instalează după stres sunt binecunoscute de fiecare. Să ne amintim că, la fiecare stimulare, pozitivă sau negativă, mică sau mare, corpul va pune în funcțiune acest proces și că un corp sănătos se prezintă ca un sistem echilibrat, indiferent de forma pe care o îmbracă.

Ar fi plictisitor să descriem în detaliu reacțiile chimice, dar sunt unele aspecte importante pe care este bine să le cunoaștem ca să înțelegem mecanismele care duc la boală, care ne permit să ne protejăm sau să ne vindecăm de ea. Aceste reacții provoacă în corp un consum imens de vitamine și de oligoelemente care sunt arse în timpul procesului, ducând astfel la descărcarea de adrenalină care provoacă semnele fizice descrise mai sus. Aceasta din urmă nu este singura reacție a corpului; circulația arterială și venoasă va fi, de asemenea, accelerată printr-o contracție a pereților vaselor prin care circulă sângele, ceea ce explică tahicardia și problemele circulatorii sau cardiace, care pot apărea în timpul unui stres important. Acest ultim mecanism stă și la baza apariției celulitei, în cazul multor femei, cu atât mai mult cu cât o altă reacție a corpului este de a depozita grăsimile (lipidele). Această depozitare a grăsimilor explică de ce numeroase persoane supuse unui stres de lungă durată pot lua în greutate și nu mai reușesc niciodată să piardă kilogramele acumulate, cât timp vor fi expuse aceluiași stres, în mod continuu și repetat.

Alt punct esențial: corpul posedă un sistem de apărare complet în fața agresiunilor străine, fie că vorbim de bacterii, virusuri sau paraziți. Acest sistem de apărare extrem de complex este în permanentă stare de alertă. Are o memorie fabuloasă și curăță corpul de toate celulele care nu sunt copii conforme ale celulelor mamă. În timpul unui stres important, funcțiile acestui sistem de apărare persistă, însă devin inactive sau nu mai funcționează normal. Dacă ne-am face analizele de sânge, am constata că diversitatea, cantitatea și caracteristicile globulelor albe se mențin în limite normale, atunci când, în realitate, acest sistem este dezactivat și, prin urmare, nu își mai poate asuma rolul principal, cel de apărare a corpului! Această dezactivare a sistemului nostru imunitar este, cu siguranță, sursa a numeroase boli importante.

Să nu uităm că, în urma unei descărcări de adrenalină, celălalt sistem de relaxare urcă la suprafață și „anulează" toate reacțiile sistemului simpatic, astfel încât să restabilească echilibrul. Cu toate acestea, dacă stresul este foarte frecvent, acest sistem se va epuiza sau pur și simplu nu va avea timp să se restabilească. Persoana va începe să sufere de o formă de agresiune, care va veni atât din corpul său, cât și din exterior. Acest punct este de maximă importanță dacă vrem să conviețuim într-un mod armonios cu stresul din viața noastră.

Reacțiile la stres

Am văzut câte reacții sunt posibile prin activarea sistemului simpatic. Dacă sunt prea frecvente, prea intense sau prea durabile, pot deschide calea spre numeroase tulburări, de la o simplă răceală la boli mai importante. Asta presupune oare că suntem pe picior de egalitate față de stres și că oricine suferă de un stres anume va reacționa în același fel și va dezvolta, obligatoriu, o boală sau alta? Bineînțeles că nu!

Fiecare individ este unic, lucru care presupune că fiecare dintre noi va reacționa într-un mod particular față de același tip de stres. Această reacție depinde de numeroși factori, care au legătură cu educația, experiența, cunoașterea sau spiritualitatea. Oamenii de știință au încercat să clasifice indivizii și reacțiile lor față de stres. Studiul lor s-a bazat pe determinarea nivelurilor de hormoni în sânge, în special, a celor care se corelează cu stresul, adică produși de corpul nostru în cazul unei situații de stres, dar și a valorilor urinare ale metaboliților produși de procesul de degradare a acestor hormoni. Pe baza acestor analize, au reușit să stabilească trei mari categorii, pe care le-au numit simplu A, B și C.

Tipul A include persoanele a căror reacție la stres este extremă. Acestea trăiesc foarte intens orice stimulare și au nevoie de acest stres ca să trăiască. Potrivit acestor studii, se pare că mai mulți membri ai aceleiași familii funcționează astfel. Oare un factor ereditar ar putea sta la baza acestui mod de funcționare? Iată o întrebare întemeiată.

Persoanele care aparțin tipului B reacționează „normal" la stres, adică producând substanțe chimice ale căror valori sangvine se încadrează în intervalul standardizat și având reacții comportamentale standard.

Tipul C include persoanele care produc foarte puțini hormoni și sunt cel mai puțin afectate de stres.

Această clasificare este interesantă, însă nu oferă, din păcate, un răspuns la întrebarea principală: cum să trăim cu stresul? Cu siguranță că este foarte palpitant să ne cunoaștem apartenența la un anume grup, dar ce facem cu această informație?

Gestionarea stresului

Pentru a putea trăi „în armonie" cu stresul, la care inevitabil suntem supuși, trebuie să înțelegem care sunt consecințele sale în organism și să ținem cont de acestea în viața de zi cu zi. Să ne gândim în primul rând la efectele psihice ale stresului și să încercăm să ne dăm seama cum putem să le reducem la minimum sau să învățăm să le tolerăm.

Să ne înarmăm cu strategii de sprijin

Stresul provoacă un consum crescut de vitamine și de oligoelemente, mai exact magneziu, zinc, vitaminele din complexul B, în special B6. Este important, așadar, ca atunci când traversăm o perioadă stresantă să luăm suplimente de vitamine pentru a compensa pierderile. Dacă această perioadă de stres este previzibilă, atunci este important să le luăm înainte, preventiv, mai degrabă, decât după, ca să vindecăm!

Încă există mulți oameni care se laudă că sunt „oameni de știință" și care afirmă că aceste substanțe nu folosesc la nimic și că sunt nocive pentru organism. Acești oameni pe care îi întâlnim în medii medicale și farmaceutice sunt chiar cei care vor recomanda un amestec de paracetamol și de vitamina C atunci când răcim și care vor spune că hrana echilibrată aduce o cantitate suficientă din aceste substanțe ca să asigure o bună apărare a organismului... În afara faptului că argumentele lor nu au nicio bază științifică și că sunt total incoerente, aceste persoane se înșală (lucru grav, în sine, dar care nu are consecințe palpabile) sau își induc în eroare pacienții, iar aceasta se traduce în mai multe feluri. Încă de la început, dacă este adevărat că oligoelementele și vitaminele se găsesc în stare naturală și că sunt foarte bine asimilate de organism, să ne amintim de calitatea jalnică a fructelor și legumelor produse și consumate în zilele noastre. În plus, cum este posibil să susțină că vitaminele sunt periculoase sau nefolositoare, când sunt, de fapt, substanțe care se găsesc în organismul nostru și care participă la multiple reacții chimice și fără de care, acestea din urmă, nu ar avea loc? Cum pot susține că vor fi respinse imediat de corp, fără să fie folosite măcar, când zeci de studii au demonstrat contrariul? Să ne îndepărtăm de aceste „minți strălucite" și să revenim la suplimentele administrate în timpul perioadelor de stres!

Nu există niciun risc atunci când luăm vitamine și oligoelemente, inclusiv o perioadă lungă de timp. Doar vitaminele A, E, K și D sunt stocate de organism și, din acest motiv, trebuie consumate în doze specifice. Restul oligoelementelor și vitaminelor pot fi consumate regulat, fără să ne îngrijorăm pentru efecte secundare legate de supradozaj. Odată cu îmbătrânirea corpului, scade și asimilarea la nivel intestinal a acestor substanțe nutritive, din cauza degradării mucoasei intestinale; mi se pare important să preîntâmpinăm acest inconvenient prin consumul zilnic de vitamine și oligoelemente.

Stresul induce producția de radicali liberi, substanțe care nu sunt naturale, care circulă în organism și care blochează anumite reacții chimice în corp. Aceste substanțe au un nivel foarte ridicat de toxicitate și sunt bănuite a fi la originea multor boli importante, precum cancerul, scleroza în plăci și nu numai. Acești radicali liberi sunt combătuți și eliminați de vitaminele cu rol antioxidant, precum vitaminele C și E. Un complex de vitamine este deci necesar și foarte util în prevenirea producerii de radicali liberi sau în eliminarea lor. Însă pentru aceasta, trebuie să consumăm orice, oricum? Nu! Soluția ideală ar fi consultarea unui terapeut care cunoaște bine aceste substanțe și care vă poate recomanda un produs și să vă stabilească doza optimă. Referitor la acest subiect, este foarte interesant de constatat că dozele recomandate în Europa și în Statele Unite variază mult, lucru care ne trimite cu gândul la faptul că „cercetătorii", de o parte și de cealaltă a Oceanului Atlantic (sau de ambele părți?!), se înșală.

Stresul cauzează apariția unui mediu acid în organism, care, pe termen mediu sau lung, conduce la probleme ale stării de sănătate numite „ale civilizației", cum ar fi artroza, artrita, cancerul și scleroza în plăci. Aciditatea despre care vorbim, foarte frecvent întâlnită, din păcate, este determinată prin măsurarea acidității urinare (pH urinar). Originea ei este, de asemenea, nutrițională: numeroase persoane stresate au o dietă nesănătoasă alcătuită din alimente producătoare din acizi, care, la rândul lor, provoacă stres. Această problemă importantă ar merita să i se dedice o carte[3] și vom reveni la acest subiect în capitolul despre nutriție.

Stresul duce la contracții ale musculaturii netede a vaselor de sânge de tip arterial și venos și la stocarea grăsimilor. Aceasta, am văzut, poate atrage, pe termen lung, probleme circulatorii (accident vascular cerebral, infarct, flebite), dereglări ale biochimiei sangvine (nivel anormal crescut al colesterolului și trigliceridelor), alte tulburări, precum celulita, la femei. Din nou, vitaminele și oligoelementele își găsesc locul și utilitatea pentru minimizarea acestor fenomene. Magneziul este excelent pentru diminuarea contracțiilor musculaturii netede și în prezent este foarte utilizat de femeile însărcinate, în scopul reducerii contracțiilor uterine în stadiile finale ale sarcinii. Alte substanțe, cum ar fi vitamina E, pot participa la îmbunătățirea circulației sângelui.

De obicei, îi sfătuiesc pe pacienții mei să urmeze cure de două luni, primăvara și toamna (perioade din an în care organismul este foarte slăbit), ca să își consolideze imunitatea și să minimizeze efectele negative ale stresului. În timpul acestor cure, pacienții primesc suplimente de magneziu sub formă de orotat (3/zi), de vitamina C (2x1 g/zi) și de vitamina E (400 UI/zi), un preparat care conține vitaminele B și o cantitate mică de vitamina A. O analiză a părului va permite, de asemenea, crearea, potrivit rezultatelor fiecăruia, unui plan de administrare a oligoelementelor necesare. Această manieră de a proceda nu are riscuri și dă rezultate bune, dar trebuie considerată un sprijin util pentru a face față stresului și nu un scop în sine!

Până în acest moment, am abordat mijloacele puse la dispoziția noastră pentru reducerea efectelor provocate de stres. În mod clar, ghipsul nu a vindecat niciodată o fractură, pe care doar organismul este capabil să o vindece. Vitaminele, oligoelementele și alte substanțe reprezintă mijloace de suport, cu siguranță importante, dar singure nu pot vindeca, și este substanțial să subliniem acest aspect. De fapt, tot mai mulți terapeuți resping abordarea medicală alopată (adică tratarea simptomelor, nu a cauzei, utilizarea de medicamente chimice ca să combată simptomele), dar acționează la fel și în ceea ce privește substanțele naturale, homeopate sau de alt tip. Nicio substanță, chimică sau naturală, nu poate vindeca fără acordul celui care este în suferință! Doar pacientul atins de boală poate să o facă! Așadar, putem preveni sau vindeca efectele stresului, desigur, cu ajutorul mijloacelor cât mai puțin toxice, fără a uita însă că suntem singurii responsabili în ceea ce privește sănătatea noastră.

Refuz să-mi urmez cel mai înverșunat dușman: mintea!

Ce mijloace posedăm în noi înșine ca să minimizăm efectele stresului? Corpul este perfect adaptat pentru a reacționa față de efectele induse de o stimulare exterioară sau interioară. De exemplu, dacă, dintr-odată, suntem supuși unei temperaturi exterioare scăzute, primul reflex ar fi să ne învelim sau să ne îmbrăcăm; dacă ne apropiem prea mult mâna de foc, reflexul imediat va fi să o retragem pentru a evita o arsură. Aceste reflexe sunt automate, trec printr-un sistem foarte elaborat de terminații nervoase, sinapse și diferite substanțe care permit transferul informației spre creier sau spre măduva spinării. Câtă vreme „mașinăria" funcționează bine și nu prezintă o diminuare a sensibilității sau motricității, corpul reacționează în mod aproximativ automat și face față cu ușurință stimulilor externi.

În aceste cazuri, creierul nostru este puțin solicitat și mintea nu are niciun rol!

Ființa noastră este, de asemenea, echipată să facă față stimulilor interni, dar, cel mai adesea, un element perturbator va interveni pentru a opune rezistență mecanismelor naturale și înnăscute și a le împiedica să își îndeplinească rolul specific, ceea ce va atrage, în urma unei stimulări, un „stres negativ". Mai sus, am văzut că termenul „stres" este inadecvat utilizat aici deoarece, în realitate, acoperă efectele induse de reacția inadecvată a corpului nostru față de o stimulare, adică față de tensiuni și alte simptome care rezultă dintr-o funcționare deficitară a procesului de adaptare a ființei noastre la o stimulare interioară.

Ca să clarificăm această noțiune, vom da următorul exemplu: un angajat de birou este agresat verbal și în mod repetat (stimulare externă) de șeful său; reacția sa naturală, spontană, ar fi ca, într-un fel sau altul (stres), să-i atragă atenția șefului său că nu îi tolerează comportamentul. Până aici, reacția este adaptată și totul se va petrece bine, angajatul se va simți mai bine de îndată și reacția sa a fost proporțională cu agresiunea suferită. Niciun efect negativ nu va fi perceput și nu-l va afecta; niciun „stres" (interpretat în sensul limbajului comun) nu se va manifesta. Angajatul își va continua treaba, relaxat și ușurat.

Dacă, în mod contrar a ceea ce ar fi reacția sa naturală și spontană, angajatul tace de teamă că va fi concediat sau din dorința de a nu tulbura apele sau, pur și simplu, fiindcă este prea emotiv, va resimți curând o tensiune interioară, care va degenera relativ repede sub formă de insomnie, furii manifestate acasă sau crampe la stomac, de exemplu. Ca atare, aceste efecte nu constituie stres în sensul autentic al cuvântului, ci, mai degrabă, consecințe ale unei reacții inadecvate a angajatului față de o stimulare exterioară. Această reacție necorespunzătoare creează, la rândul său, o stimulare interioară (stres), la care ar trebui să răspundă automat, dând libertate totală furiei și trăind-o în întregime, pe cont propriu, ca să poată apoi să își întâlnească șeful și să îi spună calm, dar ferm, că nu-i va mai tolera agresiunile. Dacă angajatul nu își dă voie să își trăiască furia, atunci simptomele deja induse de prima reacție vor crește în intensitate și frecvență și vor provoca cât de curând boli mai grave sau alte complicații.

Cu toate acestea, toți avem în interiorul nostru un răspuns adaptat la fiecare situație și putem, în consecință, să facem față diferitelor stimulări ale vieții. Dar, atunci când nu ne respectăm reacția naturală și spontană, provocăm în noi o indispoziție și, prin acest răspuns, corpul ne transmite că reacționăm printr-un gest fals în raport cu noi înșine.

Ce parte din noi blochează reacția naturală și nativă? Mintea, desigur! Se opune, anulează sau reduce la tăcere partea care trăiește evenimentele și ne face să reacționăm „visceral". Ca să poată face acest lucru, mintea va utiliza toate argumentele cu care a fost dotată prin educație: logica închipuită, politețea, respectul față de superior, inteligența de a nu reacționa. Atâtea argumente care vor crea o tensiune, adică un sentiment perceput ca neplăcut sau intolerabil, în funcție de intensitate, și care, în realitate, este o dovadă că aceste argumente sunt în totală opoziție cu ceea ce ființa noastră interioară dorește. Atunci, această tensiune va provoca o stare de rău și simptome și corpul ne va avertiza, având în vedere că ne este în continuare cel mai bun prieten, că suntem pe cale să ne privăm de respect. Judecătorul de pace, corpul, este întotdeauna treaz și niciun raționament nu-l va face să își schimbe opinia. De îndată ce ne trădăm ființa interioară, el sună alarma și ne face să simțim o tensiune, sub o formă sau alta. O putem ignora un timp, dar, mai devreme sau mai târziu, vom fi obligați să recunoaștem că ceva nu merge.

Mintea este întotdeauna cauza efectelor negative simțite și trăite după o stimulare interioară. Nu numai că blochează și se opune esenței noastre, dar ne încătușează în atitudini rigide și distrugătoare și ne ghidează să gândim în gol, fiindcă se va întoarce mai mult spre trecut sau spre viitor. Or, am văzut că doar momentul prezent ne face să simțim fericirea. Drept urmare, mintea este un dușman, deoarece ne atrage în afara prezentului și nu ne mai dă voie să simțim. Începând cu acest moment, nu mai putem păstra contactul cu noi înșine și începem să acționăm în raport cu celălalt, în raport cu reguli învățate, dar care nu ne aparțin neapărat. Atunci, corpul se va ocupa să ne reamintească acest lucru, creând efectele negative ale stresului.

Ca să putem folosi acest fenomen, să reluăm exemplul bietului angajat de birou. Nu răspunde agresiunilor și nu suflă o vorbă despre acest lucru deoarece se teme că va fi concediat. Această teamă este zămislită de gândire: „Dacă răspund așa cum doresc să răspund șefului meu, va trebui să-mi iau adio de la funcția la care țin." Acest rezultat al intervenției minții (care cenzurează intuiția!) îi blochează reacția naturală. Prin faptul că nu îi lasă cale liberă se creează o tensiune, foarte probabil o demoralizare sau o furie interioară. Dacă mintea îi interzice să își exprime furia (în afara biroului) sub pretexte eronate precum „nu ar fi de niciun folos, deoarece nu va schimba cu nimic situația", un răspuns necorespunzător se va adăuga tensiunii deja existente a angajatului.

Să ne imaginăm acum starea sa de sănătate. Depresia îl pândește și starea de disconfort este constantă. Este obosit, în permanență tensionat și suferă diferite dureri. Merge la medic, iar acesta îi dă niște medicamente pentru tratamentul simptomelor și îi recomandă să se relaxeze (!), după care adaugă că poate nu ar trebui să facă așa mare caz din asta, fiindcă este mult mai interesant să trăiești fericit decât să îți irosești viața acordând atenție atacurilor unui șef arțăgos! Prietenii și colegii săi sunt de părere că: „Șeful său îl stresează prin atitudinea sa agresivă. Sărmanul face ce poate ca să nu stârnească un tam-tam, dar toate acestea îi afectează moralul și îi subminează sănătatea!" Este aceasta realitatea? Evident că nu! Realitatea este cu totul alta deoarece angajatul este blocat de minte, care îi interzice să trăiască ceea ce simte: furie și dorința de a-i spune superiorului său să înceteze hărțuirea. Devine propria victimă!

Am plecat deci de la o stimulare exterioară (agresiunea verbală a șefului) față de care angajatul nu a răspuns adecvat, fiind blocat în acest demers de mintea sa, ceea ce are drept consecință un disconfort profund, adică o stimulare interioară. Cât timp angajatul nu va fi înțeles că reacția sa necorespunzătoare stă la baza propriului disconfort din care doar el poate ieși, prin refuzul de a-și urma mintea și revenirea la sentimentul său profund (și, prin urmare, la dorințele sale) și la momentul prezent, va continua să trăiască dureros agresiunile și poate fi sigur că acestea se vor înmulți. Șeful va simți că are în fața sa pe cineva care nu se respectă și va putea astfel să profite de această constatare, până în momentul în care își va da seama de contrariu!

Am văzut că suntem perfect adaptați ca să facem față oricărui tip de stimulări exterioare și interioare și că cel mai mare dușman ne este chiar mintea, gândirea noastră. Imediat ce începem să gândim în gol și încercăm să ieșim din prezent, corpul ne avertizează, creând o tensiune. Dacă nu ne ascultăm corpul, vom acumula tensiuni noi. Acest „stres" este cel pe care îl adăugăm evenimentelor exterioare ale vieții, dar pe care nu le putem evita. Viața de zi cu zi își aduce armata de stimuli, de care este inutil să fugim deoarece, mai devreme sau mai târziu, trebuie să îi înfruntăm, dar să ne amintim că deținem echipamentul perfect pentru această confruntare!

Să luăm exemplul unui șofer, experimentat chiar, a cărui mașină alunecă pe o porțiune cu gheață: automat, va avea reflexul adecvat de a întoarce volanul în direcția bună. În schimb, din momentul în care „va realiza" (cu alte cuvinte, va gândi) că mașina sa se îndreaptă în direcția greșită, va vira, fără îndoială, în sens invers și această manevră va produce, într-o secundă, un accident! O persoană care nu suportă să vadă sânge își va îngriji perfect copilul rănit, până în momentul în care, odată executate gesturile automate, care vindecă sau salvează, va începe să gândească și va leșina. Observăm că primul reflex este întotdeauna bun fiindcă stimulul declanșează, de fiecare dată și de la sine, o reacție adecvată. Dacă o stimulare interioară se adaugă gândirii în gol a minții noastre, din toate piesele vom crea reacții negative. Acest tip de stres este cel pe care trebuie să îl minimizăm cu orice preț, până la eliminarea din viața noastră. Nu putem face asta decât într-un singur mod: rămânând în momentul prezent, trăindu-l în întregime, cu simțurile și dorințele noastre, și păstrând contactul cu nucleul nostru fundamental, nu cu creierul!

Capitolul 5

Hrana, sursă de energie

Mâncarea este vitală și nimănui nu i-ar trece prin minte să renunțe la ea. Este adevărat că mulți mănâncă doar ca să se hrănească și că rasa gurmanzilor, cei care iubesc să mănânce și știu să deguste, este pe cale de dispariție sau să fie considerată mai degrabă snoabă.

Cea mai frecventă întrebare adresată personalului medical se referă la alegerea alimentelor: fie din dorința oamenilor de a slăbi sau de a se îngrășa, fie pentru a se simți mai bine când sunt bolnavi. Trebuie să subliniem că aceste întrebări derutează medicii, în primii ani de practică. Pe de o parte, pentru că nu au studiat niciodată această problemă importantă, întrucât nu face parte din programa universitară; pe de altă parte, dacă se apucă să studieze literatura existentă, se vor confrunta cu un hățiș! Într-adevăr, în ultimele decenii s-a scris totul și nimic pe această temă!

Omul occidental se vede pus în situația de a face față celei mai mari probleme ale sale: deoarece totul este un sistem, potrivit faimoasei teorii a lui Newton, hrana este un sistem și este studiată în special de nutriționiști, tehnicieni în nutriție și medici specialiști. Din nou, această strategie trebuie reevaluată deoarece, cu puțină onestitate intelectuală, un tehnician oarecare va înțelege care-i sunt limitele. Hrana are legătură cu toate domeniile sănătății și dacă tehnicianul vrea să devină cu adevărat competent, va trebui să își aprofundeze educația pentru a deveni un specialist în toate ramurile sănătății, apoi să redevină generalist, în sensul cel mai larg al termenului.

Admițând că, într-adevăr, o va face, se va izbi foarte curând de un nou eșec: noțiunile sistemice legate de aportul caloric (aminoacizi, vitamine, oligoelemente, lipide, protide, glucide) au fost studiate, propuse și presupuse a rezolva cea mai mare parte a problemelor de sănătate și legate de greutate. Or, niciuna dintre aceste noțiuni nu a rezolvat mare lucru de una singură. Chiar și făcând abstracție de banii și de energia irosite de mult prea mulți oameni, această abordare compartimentată și sistemică inspiră garantat furie. Cum se face că cei care își arogă titluri de cercetători se înșală adesea, nu-și cer scuze public și continuă să susțină neadevăruri sau adevăruri parțiale, pe care le declară ca fiind globale? De ce nu se abordează aceeași problemă la modul general și nu sistemic?

În loc să plasăm omul în centrul lumii, să încercăm să îl vedem ca pe o părticică infimă a sa. Să fim conștienți că fructele, legumele sunt, de asemenea, ființe vii: se nasc, trăiesc, mor; sunt compuse din materie vie și apă și pot și ele dezvolta anumite boli. Disecându-le la fel cum am făcut-o cu ființa umană, le putem descompune în diferite sisteme: fibre, vitamine, oligoelemente și alte sisteme. De ce omul, încă din negura vremurilor, s-a mulțumit să se bucure de bunătatea acestor fructe sau legume, absolut convins în adâncul său că îl vor hrăni și-i vor face bine? Oare le-a mâncat deoarece conțineau sisteme enzimatice complexe sau pentru că știa că un anume fruct sau legumă îi aducea tot ce avea nevoie ca să trăiască și să se hrănească? Este această hrană, care permite ființei umane să supraviețuiască, să trăiască, să își facă plinul de energie și să o și consume, atât fizic, cât și mental sau spiritual, un ansamblu de sisteme sau pur și simplu o sursă de energie?

Orice mamă ar spune cu naturalețe că „hrana aduce copilului (său) energia de care are nevoie ca să supraviețuiască!". Este instructiv să știm din ce este compusă această energie, dar nu trebuie să pierdem din vedere esențialul: hrana înseamnă energie vitală pentru om.

Principiul sinergiei

Faptul că hrana este energie înseamnă că aceasta este transmisă omului atunci când o consumă. Energia alimentului va intra în vibrație, pozitivă sau negativă, cu el. Acest lucru poate crea o sinergie, dacă mâncarea intră în vibrații pozitive, generând un plus de energie, o stare de plenitudine. În schimb, dacă hrana intră în vibrații negative, va atrage o scădere a energiei, oboseală. Dacă energiile sunt total opuse, ar putea provoca respingerea acesteia (vomă, diaree) sau o intoxicație.

Energia alimentului diferă nu numai în funcție de tipul de hrană, dar și în funcție de forme, de modul de creștere, terenurile pe care se dezvoltă, de condițiile climatice și, bineînțeles, îngrășămintele... chimice. În acest fel, din nou, ca în cazul oricărei ființe vii, dacă din generalități se pot formula axiome, atunci există o imensă diferență, în termeni de energie, între un morcov din Africa și unul din Elveția. Cuantificarea energiei va fi foarte diferită, la fel și calitatea sa! Ne-am putea face o vagă idee sau estimare dozând mineralele conținute în acești doi morcovi, dar chiar și acest dozaj nu ne-ar furniza decât informație săracă. Astfel, toate clasificările făcute de om ca să ofere date în legătură cu ce ar trebui să mănânce sau nu sunt foarte incerte și fără substanță! Acest lucru este cu atât mai adevărat cu cât corpul uman are o imensă putere de autoreglare: preia ce are nevoie și respinge ce îi este inutil.

Acest fenomen de autoreglare explică de ce hrana proaspătă și completă este întotdeauna mai bine absorbită și tolerată decât extractele din unul sau mai multe componente ale sale. Ceea ce este valabil pentru medicamente, care, în mare parte, imită caricatural natura sau sunt provenite dintr-un extract al unei plante, este valabil și pentru hrană. Tot ceea ce compartimentează Totul nu va avea niciodată efectul Totului, deoarece Totul este rezultatul unei creșteri care depinde de mulți factori externi și interni. La maturitate, aceștia vor crea fructul sau leguma, o energie globală mai mare și de mai bună calitate decât energia rezultată dintr-un singur compus al plantei.

Este important să înțelegem fenomenul de sinergie. Ca să simplific, l-am putea descrie astfel: atunci când două energii se întâlnesc și sunt complementare sau neopozabile, se vor potența reciproc și, de aici, va rezulta o energie mai mare decât suma celor două împreună.

Ca să prezentăm acest fenomen, să luăm următorul exemplu: un măr, care are o energie x, va transmite această energie omului care îl mănâncă; acesta va intra în vibrație pozitivă cu energia ființei care îl consumă și îi va aduce beneficii. Omul, dacă va mânca mai multe mere de același fel și de aceeași proveniență, va primi o cantitate și o calitate de energie egală cu suma energiilor x, pe care o putem numi y. În cazul în care omul nostru ar mânca alte două fructe, de exemplu, o banană care are o energie *z* și o pară cu o energie *w*, suma energiilor corespunzătoare mărului + bananei + perei $(x+z+w)$ va fi mai mare decât energia *y*. Sinergia diferitelor fructe menționate mai sus va permite generarea unei energii de o calitate mai bună decât cea produsă de omul respectiv dacă ar fi mâncat un singur fel de fruct. Acest fenomen este esențial nu numai pentru a putea înțelege cum trebuie să ne hrănim, dar și că, în raport cu cantitatea alimentelor ingerate, energia transmisă este primordială. În nutriție, diversitatea reprezintă unul dintre fundamentele unei alimentații corecte; în consecință, este regretabil că noțiuni precum calorii și grame sunt, prea des încă, la baza diferitelor regimuri propuse pe piață.

Hrana este o sursă de energie pentru corpul uman și, dacă aceasta intră în sinergie cu el, îi va permite să își îndeplinească funcțiile vitale și secundare. Pe scurt, este foarte important să ne diversificăm alimentația.

Să ascultăm natura

Natura nici nu disimulează, nici nu se manifestă, ci își dezvăluie secretele celui dornic să o descifreze[4].

PARACELSUS

Dacă observăm natura, lucru care se întâmplă rar în mediul urban, constatăm că ritmul anotimpurilor determină tipurile de fructe și de legume care ne sunt la dispoziție. Dacă ne gândim la expunerea fructelor și legumelor din supermarketuri, sesizăm că bananele și merele sunt disponibile pe tot parcursul anului. De exemplu, căpșunile sunt fructe de sfârșit de primăvară (iunie), nu de iarnă. Ce înseamnă și ce implică acest lucru pe plan nutrițional? Căpșuna este coaptă la sfârșitul primăverii. Planta a fost pusă în pământ toamna. Energia sa a fost concentrată pe o perioadă din an în care energia este, în principal, în pământ (iarnă), cu o concentrație maximă de energie yin (apă). Pe măsură ce primăvara avansează, această energie se va transforma în energie yang, în timpul dezvoltării florilor și al apariției fructului. Primăvara pune în mișcare o energie dinamică și aduce fructul la maturitate. Ce va furniza căpșuna coaptă corpului care o consumă la începutul verii, perioadă care corespunde unei energii maxime yang, adică focul, în medicina chineză tradițională? O energie corespunzătoare apei în special, ceea ce este excelent, deoarece, potrivit principiului energiilor, apa stinge focul, cu alte cuvinte, energia externă a verii, care va fi compensată de energia conținută în căpșuna coaptă. Toate acestea facilitează o echilibrare a energiilor corpului, care are drept consecință păstrarea armoniei benefice pentru sănătate. Dacă vom consuma căpșuna în plină iarnă, efectele aportului unei energii care să corespundă exact energiei exterioare a momentului vor fi diferite, ba chiar riscă să atragă un dezechilibru energetic. Unele soiuri de căpșuni, numite „cățărătoare", ating maturitatea în luna august și nu-i vor aduce corpului nostru aceeași energie precum cele recoltate la sfârșitul lunii iunie. În concluzie, să fim conștienți că acele căpșuni cultivate în sere nu mai posedă caracteristicile celor naturale. De fapt, căpșunile cultivate artificial transmit energii diferite și de o calitate mai slabă. Conțin multă apă, spre deosebire de cele despre care am vorbit înainte: de fapt, este doar apă, nu energie! În concluzie, este foarte important ca alimentația noastră să respecte ritmul sezonier al naturii.

Datele la care sunt plantate și recoltate fructele și legumele ne furnizează, de asemenea, informații foarte utile despre calitatea energiei transmise corpului uman. Să luăm încă un exemplu. În țările europene, morcovul este semănat în iunie și recoltat în octombrie; prin urmare, va conferi o energie dinamică (primăvară), de expansiune (vară), apoi de interiorizare sau de repaus (toamnă). Atinge maturitatea în timpul acestei faze de repaus, care este toamna, ceea ce înseamnă că va transfera omului în special acest tip de energie.

Este interesant de observat că, dacă studiem calitățile și potențialele, așa cum sunt definite de medicina tibetană, de exemplu, „tot ceea ce caracterizează simultan un ingredient în sine, dar și ceea ce eliberează el mai puternic și mai activ pentru om, cu scopul de a-l hrăni, de a-l îngriji sau de a modifica unele stări de dezechilibre morbide[5]”, morcovul este recomandat pentru echilibrarea energiei Bad-Kan. Acest tip de energie este uzina energetică a corpului uman și are rol decisiv în ceea ce privește funcțiile anabolizante, care favorizează construirea și menținerea forțelor energetice. Putem înțelege atunci pe de-a-ntregul valoarea morcovului consumat în timpul sezonului, la sfârșitul toamnei și iarna! Și mai interesant este să observăm că, dacă la maturitate morcovul poate fi încadrat în categoria alimentelor care transportă o energie de interiorizare, conține totuși restul energiilor, în proporții mai mici, desigur, și că transmite o energie suficient de diversificată și completă.

Energia transmisă de fructe și legume depinde de numărul anotimpurilor în timpul cărora s-au dezvoltat. Cu cât numărul de anotimpuri este mai mare, cu atât mai complexă le va fi energia, chiar dacă anotimpul în care ating maturitatea are rolul determinant. Să luăm exemplul a două legume care aparțin aceleiași familii: dovlecelul, cu aspect alungit, cules la sfârșitul lunii iunie și în timpul verii, și dovleacul, rotund, cules în octombrie. Aceste două legume nu conțin aceeași energie, chiar dacă înfloresc în aceeași perioadă. Dovlecelul transmite o energie foarte ușoară, vivace, sensibilă, ascuțită și care nu reflectă decât un singur anotimp, în timp ce dovleacul transmite o energie mult mai complexă, deplină și oarecum rotundă. Aceste două legume diferă una de cealaltă, dar sunt perfect adaptate nevoilor noastre: apa, în timpul verii (fiindcă apa stinge focul, potrivit fundamentelor medicinii chineze) și focul/metalul în timpul iernii. Energia transmisă de migdală și de nucă, recoltate în iunie și, respectiv, în octombrie, este diferită, de asemenea, din aceleași motive, și am putea continua cu exemplele.

Unele fructe sunt consumate în regiunea noastră mai ales iarna, perioadă în timpul căreia puține fructe sunt disponibile, dar cresc în alte locuri, precum bananele, portocalele sau ananasul. Ce este de spus despre aceste fructe din punct de vedere energetic? Aportul lor nu este lipsit de interes, cu condiția ca acestea să fie culese coapte și ca transportul lor în containere să nu dureze săptămâni întregi, lucru care, de altfel, este foarte puțin probabil! Cât despre fructele uscate, precum stafidele, caisele sau prunele, ele transferă aceeași energie ca a fructelor proaspete, dar mai concentrată, deoarece apa este evaporată prin procesul de deshidratare căruia îi sunt supuse. Sunt fructe apreciate de sportivi deoarece conțin multe zaharuri naturale concentrate. Cu toate acestea, nu consider că a fi consumate în orice perioadă a anului, indiferent de anotimpul în care sunt culese, este o alegere înțeleaptă, din motivele enunțate mai sus.

Forma fructului sau a legumei este, de asemenea, foarte grăitoare în legătură cu aportul pe care-l poate oferi corpului.

Această formă este însăși imaginea energiei pe care planta o transportă. Morcovul, de exemplu, ne furnizează, prin forma sa, informații foarte interesante despre aportul său energetic. În timpul creșterii, planta este compusă din flori albe sau roz, cu 30 până la 40 de frunze care captează energia pentru a o transmite florii centrale, rădăcinii (pe care o mâncăm) și restului plantei. Odată ce au ajuns la maturitate, semințele, inflorescența, care seamănă cu o umbreluță, se închide. Acest mod de creștere și de maturizare ilustrează bine tipul de energie transmisă de morcov: o energie centripetă, care se îndreaptă spre centru.

Forma unui cartof este foarte diferită, mult mai amplă decât a morcovului; este mai masivă și rotundă. Planta, în timpul creșterii sale, este, de asemenea, mai puțin dantelată decât cea a morcovului, mai puțin delicată și mai puțin orientată spre sine la maturitate. Cartoful aduce o energie foarte diferită, mult mai centrifugă și deschisă decât cea transmisă de morcov, în pofida faptului că cele două legume sunt tuberculi și cresc în pământ.

Astfel, diversitatea infinită a formelor întâlnite în natură conferă energii specifice. Acestea sunt rezultatul sau efectul unui proces excesiv de complex, al unor interacțiuni între formele diferite de energii existente: Pământ, Apă, Soare, Lună, ca să le menționăm doar pe cele mai importante. Formele sunt rezultatul vizibil al unui întreg proces de creștere în care intervin forțe remarcabile, ascunse, variate. Bineînțeles, ar fi foarte tentant să facem analogia cu fenotipul (aspectul exterior) ființei umane și este, de altfel, tipul de relații pe care caută să le stabilească fizionomia, știința care se străduiește să afle caracterul unei persoane în funcție de fizionomie.

Paracelsus, renumit medic elvețian din secolul al XV-lea, a scris mult despre semnele pe care le dezvăluie natura prin formele sale. Această „doctrină a semnăturilor" (latină, *similitudo*) este esențială, potrivit principiilor sale, dacă omul dorește să înțeleagă lumea care îl înconjoară și din care face parte. Conform teoriei sale, natura și lumea prezintă similitudini care-i permit omului atent și comunicativ să înțeleagă semnificația formelor, interacțiunilor între plante, lumea minerală și cosmos, în plan energetic. Această lectură permite descifrarea lumii, dar și ce ne poate transmite un anume fruct sau o anumită legumă la nivel de informație, atât energetică, cât și filosofică. Însă mai întâi trebuie să știm să citim, iar această artă este cât se poate de greu de însușit, dată fiind natura tranzitivă și dinamică a tuturor ființelor vii.

Exemplele ar putea continua și de fiecare dată această extraordinară complexitate a naturii se confirmă. De foarte multă vreme, orientalii au integrat hrana ca pilon al vieții și, prin urmare, al medicinii. Este suficient să facem referire la medicina chineză, tibetană sau indiană ca să înțelegem că modul lor de a aborda sănătatea rezervă un loc special și deosebit de generos acestei noțiuni de energie, care este esențială.

Multe alte calități ale hranei sunt importante și de apreciat: dacă este rece, caldă, dulce, sărată, acră, picantă etc.

Este important să înțelegem că proprietățile sale vor interveni în definirea interacțiunii dintre corp, receptor al energiei, și aliment, purtător al energiei. Acest gen de energie va fi foarte diferită, dacă, de exemplu, ne raportăm la hrana rece sau la cea caldă. Interacțiunea poate fi pozitivă sau negativă. O ființă viscerală, sangvină, care, vara, în plină caniculă (pe care deja o suportă greu), consumă un aliment solid, cald și sărat, va potența dezechilibrul existent deja în interiorul său. Rezultatul riscă să o tulbure total și să accelereze niște reacții cardiace numite „de supraîncărcare", cum ar fi afecțiunea cardiacă. Acesta nu este decât un exemplu, dar trebuie să se înțeleagă foarte bine că, datorită calității energiei transmise de hrană, corpul va beneficia de hrana ingerată sau, din contră, va avea de suferit din cauza ei.

Să mănânci în funcție de ritmul sezonier al naturii, să fii conștient că această hrană reprezintă energie benefică eliberată prin forme naturale vii, face lumină fără urmă de îndoială în legătură cu principiul de bază, care mie mi se pare cel mai important: iubirea și respectul față de hrană. Acest principiu esențial este nucleul unei nutriții echilibrate. Iubirea pentru ceea ce ingerăm se regăsește, evident, în iubirea pe care ne-o acordăm nouă înșine în semn de respect. Dacă mâncăm fără să ne preocupe conținutul farfuriei înseamnă că nu acordăm niciun interes propriei persoane, că nu ne acordăm timp să trăim. Iar corpul ne va atenționa prin digestie lentă și dificilă, balonări sau somnolență.

Omul poluant

Hrana vândută în prezent în supermarketuri și în alte magazine este, din păcate, tot mai denaturată. Fructele și legumele cresc în soluri din ce în ce mai sărace în săruri minerale, din care corpul își extrage vitaminele și oligoelementele, aceasta fiind o consecință a ploilor acide, a folosirii pesticidelor, îngrășămintelor și altor substanțe chimice. În plus, aceste fructe și legume sunt culese când sunt încă verzi, deoarece trebuie să călătorească în containere frigorifice, astfel încât să poată fi vândute „coapte". Iar asta înseamnă că nu mai prezintă cantitatea și calitatea de energie pe care trebuiau să o conțină dacă erau lăsate să crească și să se maturizeze până în momentul în care puteau fi consumate. Chiar dacă omul crede că mănâncă fructe și legume zilnic, hrana pe care o consumă de obicei conține o cantitate redusă de substanțe nutritive de calitate și poartă cu sine riscul de alergii provocate de substanțele chimice utilizate.

Problema pesticidelor utilizate de agricultori este una mai mult decât alarmantă. Erbicide precum lindanul, folosit în mod curent, sunt substanțe periculoase, la fel ca DDT-ul. La fel de nefaste sunt diferitele pesticide, puțin cunoscute de publicul larg și folosite cu înverșunare: aminotriazol, durion, atrazin (erbicid pentru porumb), izoproturon (erbicid pentru cereale), simazin (erbicid pentru vița-de-vie și pomii fructiferi). Aceste pesticide și erbicide pătrund în soluri și afectează sursele de apă, râurile și fluviile. La rândul ei, apa de consum trebuie să fie tratată cu carbon activ sau ozon, astfel încât conținutul de pesticide să nu depășească 0,1 micrograme/l de apă destinată consumului, conform normelor europene actuale.

Situația se complică deoarece tratamentul acestor ape cu ozon și cu peroxid de hidrogen, de exemplu, descompune substanțele toxice în derivați și mai toxici. În concluzie, acești derivați nu sunt analizați fiindcă nu sunt considerați repere în textul legilor care protejează consumatorii, ceea ce nu reprezintă decât o abatere de la subiect! Concentrațiile foarte mari de nitrați, reziduuri de îngrășăminte azotate, constituie, de asemenea, o problemă gravă de sănătate publică: concentrația tolerată de textele legale în vigoare este de 50 mg/l. Aceste excese au atras închiderea a numeroase instalații de captare a apei, în toată lumea. O anchetă recentă[6] efectuată în Franța – țară care a consumat, în 1997, 95.000 de tone de pesticide! – a demonstrat că, în pofida tratamentelor în curs, nouă zecimi din eșantioanele studiate sunt în afara normelor, cu alte cuvinte, nouă zecimi din apa distribuită pentru consum are un conținut prea mare de pesticide și alte substanțe toxice, ceea ce provoacă efecte dezastruoase asupra sistemului nervos uman!

Medicina și specialiștii în programe nutriționale obișnuiesc să recomande consumul a patru fructe și a patru legume diferite, în fiecare zi. Această diversitate este indispensabilă deoarece corpul va primi astfel cantitatea variată de săruri minerale de care va avea nevoie pentru a-și extrage, la rândul său, materiile prime necesare vieții și pentru a face față stresului din cursul zilei, de exemplu! Deși regula este bună, este totuși dificil de aplicat din cauza costurilor și din lipsă de timp. În plus, având în vedere cele menționate anterior, conținutul de săruri minerale, în ciuda acestei diversități, va fi foarte precar. Constatare descurajantă, dar, din păcate, realistă!

Publicul larg a descoperit în ultimii ani că vacile erau hrănite cu materii derivate din carne, deși sunt erbivore, lucru care atrage efecte tragice asupra sănătății lor (boala vacii nebune). Măsurile luate de autorități vizau pur și simplu uciderea a mii de vite, în timp ce repetau sus și tare că oamenii nu erau supuși niciunui pericol. În prezent, știm că lucrurile stau cu totul diferit, că o formă de encefalopatie mortală poate apărea în urma ingerării anumitor organe ale bovinelor. Sunt în desfășurare studii științifice, dar, în afara faptului că va fi nevoie de timp ca să se stabilească amploarea dezastrului, oare știm detalii despre măsurile luate pentru ca astfel de evenimente să nu se mai producă... în numele rentabilității?

Putem vorbi despre creșterea peștilor pentru care au fost utilizate aceleași produse sau produse similare, și se pare că putem continua cu exemplele. Lanțul alimentar este în mare pericol și consecințe devastatoare amenință ultima verigă a acestuia: noi toți, bărbați sau femei deopotrivă. Și este un lucru înspăimântător! Să realizezi că, în numele productivității, omul își asumă conștient riscul de a perturba pe de-a-ntregul echilibrul natural în care trăiește nu este doar trist, ci și revoltător! Nici măcar nu vorbim despre fenomenul binecunoscut al hormonilor utilizați în creșterea anumitor animale (viței și pui, de exemplu) și despre ce se va descoperi sau s-a descoperit deja referitor la creșterea peștilor și a altor animale din lanțul alimentar animal. Dacă facem legătura între ceea ce se întâmplă în lanțul alimentar animal și tot ce s-a specificat mai sus despre deprecierea lanțului alimentar vegetal, ne vom întreba ce-i rămâne omului de făcut dacă dorește să se hrănească cu alimente vegetale și animale de bună calitate, mai precis cât mai naturale posibil.

Suplimentele alimentare

În acest caz, va trebui să adauge hranei sale zilnice, deși bine planificată, suplimente alimentare care ar putea remedia problemele menționate mai sus? Răspunsul dorit ar fi „nu", dar, având în vedere realitatea societăților în care trăim, răspunsul este „da". De fapt, este esențial ca omul să primească în mod regulat și zilnic o cantitate și o calitate suficiente de energie, în așa fel încât să poată face față sarcinilor și stresului corelate cu viața sa profesională, familială, școlară etc.

Fiindcă alimentele de calitate sunt foarte greu de găsit în comerț, deși pare să se contureze o tendință inversă, trebuie să ne completăm alimentația cu ajutorul suplimentelor. Acestea ar trebui să conțină fructe, legume și, dacă este posibil, din oleaginoase alese cu grijă, naturale, coapte (nu verzi!), respectând ciclul anotimpurilor, așa cum a fost explicat mai devreme.

Toate aceste suplimente, ușor de procurat, pot fi absorbite pe cale orală. Calea tradițională (cavitate orală, stomac, duoden, ficat, jejun) are limitări importante, fiindcă este adesea afectată de tot felul de boli (tulburări digestive diverse, boli hepatice sau pancreatice) și de vârstă, la persoanele vârstnice capacitatea de absorbție intestinală este redusă. Aceste dereglări atrag o reducere mai mult sau mai puțin importantă a asimilării suplimentelor alimentare, ceea ce limitează considerabil eficacitatea lor reală sau presupusă.

Este, deci, de dorit ca acestea să treacă prin altă cale, mai sigură, care permite administrarea de doze mai mici și diluate. Aceasta nu determină supraîncărcarea organismului cu un efort suplimentar și acceptă o asimilare foarte rapidă și o excelentă distribuție în corp: aproximativ 95% asimilare, în câteva secunde. Această cale este numită calea sublinguală. Substanțele sunt plasate sub limbă și sunt direct distribuite în sânge, scurtând traseul digestiv. În plus, permite lucrul cu doze minime, dar optime, fără să creeze probleme sau efecte secundare. Este recomandată tuturor, de la copiii de vârstă foarte mică la persoane vârstnice, cu probleme digestive sau dentare.

O categorie absolut nouă de suplimente alimentare trebuie să fie creată pentru a îndeplini criteriile corelate cu hrana/energia. Aceste suplimente trebuie să respecte natura și omul care le consumă, să nu fie o sarcină în plus pentru organism, ci un ajutor pentru o viață mai bună. Trebuie, pe de o parte, să substituie lipsurile calitative existente în hrana noastră zilnică și, pe de altă parte, să asigure celui care le ia în mod regulat energia pe care natura (nepoluată!) o conține și este pregătită să o ofere.

Astfel de suplimente vor fi disponibile în curând pe piață și ar trebui să reprezinte o parte importantă a hranei, la începutul secolului al XXI-lea, urmând ca o conștientizare în rândul consumatorilor să permită să li se ceară producătorilor și distribuitorilor să ofere calitatea corespunzătoare fructelor, legumelor și altor alimente pe care le pun pe piață.

Întoarcerea la bunul-simț agricol

Prin forma, conținutul, resursele și energia sa, hrana este un element esențial în menținerea sănătății. Sistemele de sănătate ale societăților orientale au asimilat foarte bine acest aspect și l-au pus în practică. Hrana și modul de hrănire fac parte din medicina chineză, indiană și tibetană, iar aici le numim doar pe cele mai importante. Fiecare farmacie chineză este, în același timp, un fel de restaurant în care sunt servite preparatele care vor alina suferințele sau reduce simptomele și, mai ales, cauzele lor. Astfel de preparate vor fi prescrise de medicul tradițional pentru calitățile lor (gust delicat, căldură, aciditate, salinitate), dar și pentru potențial (prospețime, greutate, lejeritate), care le vor defini efectele, ele însele variabile, în funcție de starea energetică a pacientului. Pare foarte complex, dar, în realitate, lucrurile se simplifică atunci când viziunea inițială este globală, atât în planul alimentației, cât și în cel al omului, deoarece ambele sunt parte a universului.

Această concepție este, evident, foarte diferită de viziunea occidentală, mult mai fixă și compartimentată. Omul occidental modern nu mai poate concepe hrana ca pe o simplă modalitate de a-și reumple rezervele corpului. În sinea lui știe că este importantă și că îi poate aduce multe beneficii sau... îi poate face mult rău. Însă când noțiunile de energie și de calitate sunt abordate, o tăcere greoaie se așterne. Desigur, subiectul caloriilor a

fost foarte discutat, dar această viziune, așa cum am demonstrat deja, este incompletă și se raportează, încă o dată, la cantitatea, nu și la calitatea energiei. Noțiunile superficiale de proteine, glucide și de lipide nu permit stabilirea unei interacțiuni între alimente și corp.

Ce sistem se propune într-o astfel de situație? Este necesară adoptarea absolută a viziunii orientale despre alimentație? Trebuie să se adopte un sistem sau un regim draconic, cum deja există: vegan, vegetarian, macrobiotic și altele asemenea? Unii se apropie de viziunea globală, precum regimul dr. Catherine Kousmine, amplu descris, de altfel, de mediul medical la începuturile sale, dar nu integrează în totalitate noțiunea de energie calitativă pe care ți-o asigură hrana, de asemenea, de la principiul că alimentația este esențială pentru menținerea unei stări optime de sănătate și participă la diverse procese de vindecare a unei boli.

Au mai fost descrise și alte sisteme, cum ar fi dieta cretană, bazată pe virtuțile redescoperite ale uleiului de măsline presat la rece și ale consumului de produse ale pământului, care conțin numeroși factori antioxidanți benefici. Aceste abordări sunt foarte interesante fiindcă merg în direcția bună, adică să regăsească în modul în care ne hrănim ceea ce au pierdut ultimele generații, și anume cunoașterea ancestrală a calității produselor naturale ale solului și utilizarea lor în viața noastră zilnică.

Însă un german și un cretan nu trăiesc în același mediu, nu au aceleași gusturi și nici aceleași nevoi energetice. Alimentația lor ar trebui să fie diferită. Să luăm exemplul laptelui de vacă. Mulți ani, Europa l-a produs în cantități mari și a lăudat calitățile laptelui și ale produselor derivate: unt, smântână, brânză. Fără lapte, osteoporoza amenința omul care îmbătrânește, copiii nu

puteau crește normal... Extinzând acest concept pe tot globul, laptele praf a fost exportat și distribuit populațiilor care nici nu cunoșteau acest produs. După câțiva ani, s-a ajuns la concluzia că ingerarea lui provoca diaree foarte severă la unele persoane fiindcă nu aveau enzima responsabilă de descompunerea laptelui: lactaza! Ba mai mult, problemele întâmpinate de sterilizarea biberoanelor agravau diareea atât de mult, încât unii copii mureau, deși dorința era de a-i ajuta. Acest exemplu este prezentarea tipică, aproape caricaturală, a ceea ce nu trebuie absolut deloc să se facă: să se introducă, evocând studii științifice îndoielnice, alimente noi în regiuni în care alimentul respectiv nu a fost cultivat sau consumat niciodată de către locuitori. Desigur, uleiul de măsline este excelent pentru sănătatea tuturor persoanelor care trăiesc în zona Mediteranei, dar ce reprezintă el pentru popoarele din nordul Europei, mai obișnuite să consume ulei de pește? Ambele uleiuri sunt excelente pentru sănătate, scad riscul apariției afecțiunilor cardiace, dar, în numele acestor beneficii, trebuie oare să fie consumate peste tot în lume? Da, în termeni comerciali; nu, din perspectiva sănătății!

Omul occidental trebuie să-și ia măsuri de precauție împotriva a două pericole: pe de o parte, să încerce să integreze un sistem de referință care nu aparține lumii sale și, pe de altă parte, să nu gândească decât în termeni cantitativi și ponderali. Este adevărat că totul este energie și că omul aparține lumii vii și că nu este decât o parte din aceasta. La fel de adevărată este recunoașterea faptului că viziunea orientală o depășește încă, în prezent, pe cea a omului occidental. Cu ce folos, deci, să se recomande o alimentație conform unei viziuni total străine modului nostru de viață, filosofiei și educației noastre?

Pe de altă parte, este corect să susținem că hrana disponibilă este mult prea procesată și să recomandăm oamenilor să consume exclusiv produse biologice. Este încă necesar să definim ce se înțelege prin „biologic" și ca aceste produse să devină mai accesibile. Trebuie să ne năpustim asupra unor diete total lipsite de o logică sănătoasă, precum curele cu struguri, oprirea consumului de produse lactate în mediile în care există animale sau a oricărei surse de zahăr și grăsimi? Bineînțeles că nu!

În ceea ce mă privește, regula principală este să păstrăm bunul-simț al pământului. Hrana este esențială pentru păstrarea sănătății, ca sprijin în vindecarea unei afecțiuni sau pentru o formă fizică bună. Reprezintă materie vie și conține energia care corespunde sau nu celei a organismului care o absoarbe. Să reținem această interacțiune! O astfel de energie este definită prin forma, culoarea, savoarea, gustul și conținutul alimentului consumat. Pentru toate acestea, trebuie respectată. Din momentul în care fiecare ține cont de gusturile și de bunul său simț în alegerea hranei, este în stare să aleagă ce își dorește și ce anume, în consecință, va fi favorabil sănătății sale.

Este puțin probabil ca un om să aleagă, de exemplu, să nu mănânce decât struguri, timp de câteva săptămâni! Un om care mănâncă mulți cartofi va consuma vara mai puțini comparativ cu iarna. Este adevărat că unele persoane, afectate de consumul anumitor substanțe sau de o boală, vor face alegeri false și negative. Este acesta un motiv să fie constrânse să mănânce diferit? Și mai ales, ar fi rentabil? Bineînțeles că nu! Trebuie, în acest caz, să fie convinse să urmeze un curs de nutriție, să fie învățate să se iubească și să se aprecieze, astfel încât să învețe să respecte mediul înconjurător și hrana? Experiența pledează în favoarea celei de-a doua fraze și confirmă, încă o dată, teza globalității. O tânără care suferă de anorexie și care nu mănâncă decât pâine și sare, de exemplu, poate urma (sau, mai degrabă, poate fi forțată să urmeze) toate cursurile de nutriție, fără să schimbe o iotă în felul în care se hrănește. Doar o terapie o poate reînvăța să se iubească și o va aduce, la un moment dat, în situația în care se va hrăni mai bine.

În timp ce canoanele frumuseții, definite de creatori ai caselor de modă, consacră femeia anorexică, este evident că femeile și mai ales adolescentele pot fi convinse cu greu că hrana este un cadou din partea naturii, care a plăsmuit foarte bine lucrurile, oferindu-ne totul pentru ca noi să trăim sănătoși. Starea noastră de sănătate va depinde, așa cum am văzut, de echilibrul între energia corpului și cea adusă de hrană. Orice dezechilibru va crea probleme. Bulimia și anorexia mentală fac parte din suita de simptome datorate acestui dezechilibru. În plan strict energetic, hrana consumată de o persoană bulimică va fi în întregime dezechilibrată: cantități excesive, lipsa varietății, combinații alimentare nefericite, *junk food* etc. Totuși, mâncatul compulsiv va atrage un proces de asimilare foarte greoi pentru corp. Energiile dezechilibrate ale organismului și ale hranei de proastă calitate nu vor fi în armonie și sinergia nu va avea loc. În manieră similară, starea de rău, indispoziția se vor accentua, în loc să dispară, și se va instala un cerc vicios.

Dereglările nutriționale importante: obezitatea, bulimia și anorexia mentală

Multe dintre tulburările ființei umane care are o suferință se manifestă prin intermediul alimentației. Nu vom discuta problemele nutriționale care au legătură cu foametea, care rămâne, din păcate, un flagel al vremurilor noastre ce atrage tipuri de malnutriție precum Kwashiokor și alte dezechilibre nutriționale grave, care duc adesea la pierderea vieții. În societățile cu acces facil la hrană, putem întâlni trei mari tulburări: obezitatea, bulimia și anorexia mentală. În prezent, în Statele Unite, obezitatea afectează un adolescent din cinci, o treime din populația adultă și provoacă, indirect, decesul a 300.000 de persoane în fiecare an (vezi Shape Up America! – www.shapeup.org).

Campaniile de sensibilizare, numeroasele tipuri de regimuri și clinicile de specialitate au un rol foarte util, însă tendința nu se inversează, din contră. În 1997, Organizația Mondială a Sănătății (OMS) a declarat obezitatea epidemie mondială și specialiștii estimează că va deveni, curând, cea mai răspândită boală din lume. În Europa Occidentală, 15-20% dintre adulți sunt considerați obezi, victoria revenind țărilor din vechiul bloc sovietic (de Est), cu un procent de obezitate de aproximativ 30%, în cazul femeilor! Studiile arată o creștere a numărului persoanelor obeze în țările din sud-estul Asiei, în America de Sud și în Caraibe. Chiar și în China, epidemia ia avânt.

Știința cercetează frenetic o cauză genetică a bolii, însă, până în prezent, căutările nu au dus la nicio concluzie în acest sens. Toate medicamentele au efecte secundare foarte importante, care le fac să fie dificil de utilizat. Chirurgia a inventat proceduri pentru reducerea capacității stomacului (balonașe introduse în stomac, inele care îngustează segmentul inițial al stomacului!), apoi diete, creme și multe alte mijloace au fost utilizate cu un succes terapeutic foarte limitat. Epidemia câștigă teren și antrenează multiple complicații: hipertensiune arterială, gută, diabet, afecțiuni cardio-vasculare, cancer. Costurile economice sunt excesive: în țările occidentale, între 3-8% din cheltuielile totale din sănătate sunt înghițite de lupta împotriva efectelor obezității.

Care sunt cauzele obezității? Din nou, referitor la acest subiect, opiniile diferă, iar știința nu a găsit încă un răspuns. Se studiază cauza genetică și cauzele pur nutriționale, dar și stresul și sedentarismul sunt incriminate, însă niciun factor unic nu a putut fi izolat. În ceea ce mă privește, căutarea unei singure cauze îmi pare o amăgire evidentă, deoarece omul este un întreg, amănunt pe care știința încă îl omite – sau vrea să îl omită – insistând pe studiul său fragmentar.

Bulimia și anorexia mentală, care sunt tulburări comportamentale, afectează un număr impresionant de adolescente și tinere, dar și un procent semnificativ de bărbați. Aceste probleme au fost încredințate întotdeauna pediatrilor sau psihiatrilor, deoarece medicina tradițională nu știe prea multe despre felul în care pot fi tratate.

Ce dezvăluie aceste trei tulburări importante?

Dacă observăm o persoană obeză sau anorexică trecând pe stradă, în general resimțim tristețe față de ea, fiindcă percepem o suferință infinită. Va simți privirea pe care o ațintim asupra sa ca pe una de dezgust, ca pe un refuz al corpului și imaginii sale, deoarece nu-i oferim o privire interioară, ci una exterioară.

Prima cauză a anorexiei la adolescenți este teama de a deveni gras și de a nu mai fi pe placul celorlalți, potrivit standardelor de frumusețe actuale, pe care le răspândesc manechinele. Când o persoană începe să mănânce orice și oricât sau nu mănâncă mai nimic, n-o face pur și simplu dintr-un moft, ci are motive foarte clare. S-a studiat mult cazul acestor persoane și deseori s-a ajuns la concluzia că sufereau de „tulburări comportamentale".

Este o afirmație la mintea cocoșului: orice boală este de origine comportamentală! De aici, se subînțelege și că ieșirea din normele definite de societate este considerată o anomalie de comportament. Să fie vorba cu adevărat de acest lucru? Bulimia, anorexia mentală și obezitatea reprezintă expresia unei lupte interioare între ființa reală, pe care persoana care suferă a abandonat-o, cu imaginea personală pe care și-a făcut-o despre sine și imaginea pe care dorește ca ceilalți să și-o facă despre ea. Ne întoarcem întotdeauna la această dualitate a ființei care *este* și care funcționează în raport cu criterii ce nu sunt ale sale. A încadra acest lucru în disfuncții sau anomalii comportamentale întărește, în realitate, convingerile persoanei suferinde și intensifică dimensiunea socială, în detrimentul ființei profunde și reale, pe când un tratament eficient nu poate fi dus până la capăt decât prin adoptarea unei căi contrare!

Să luăm, de exemplu, cazul lui Stéphanie, o tânără de douăzeci de ani. De trei ani suferă de crize de bulimie și își provoacă vărsături pentru a elimina ceea ce mănâncă, astfel încât să nu se îngrașe. Știe perfect că această atitudine este anormală, însă a reușit să o ascundă ani de zile. Consultă un specialist fiindcă plănuiește să locuiască împreună cu prietenul ei și nu vrea ca el să-i descopere acest „mod de a se comporta". Nu cere să nu mai sufere din cauza crizelor de bulimie: este total motivată de privirea celuilalt, dorește doar să se poată supune regulilor sociale. Stéphanie a avut nevoie de mult timp înainte să admită că boala sa nu era decât consecința unei dureri profunde, care necesita un tratament global și nu contribuția tehnicilor care îi permiteau să se conformeze mai ușor normelor.

În cazul în care consumăm alimente în exces și compulsiv sau dacă nu mai vrem să ne hrănim deloc, înseamnă că nu ne mai respectăm, că am încetat să ne mai iubim. Este rezultatul unei mari suferințe interioare și motivul pentru care suferințele persoanelor obeze sau anorexice provoacă uneori în noi așa o tristețe imensă.

Ar trebui aceste persoane să fie convinse să urmeze anumite diete sau să mănânce mai puțin fiindcă este dăunător sănătății lor să consume în exces sau deloc? Știu perfect toate acestea în sinea lor, dar nu pot face altfel! Ar suferi și mai mult dacă li s-ar spune cât este ziua de lungă sau la fiecare consultație că trebuie să slăbească sau să se îngrașe! Imaginea lor interioară nu va avea nimic de câștigat de pe urma acestor discursuri care, oricum, se vor încheia cu judecăți distructive, deseori auzite: „În orice caz, având în vedere că nu doriți să depuneți niciun efort în acest sens, nu mai pot face nimic pentru dumneavoastră!" Această formă de abandon este percepută, în general, ca totală și consolidează imaginea în detrimentul ființei. Din păcate, cercul vicios în care medicina atrage pacienții nu aduce decât acel dram în plus de suferință și accentuează ura acestora față de ei înșiși. (Nu vom face niciun comentariu în legătură cu valoarea etică a acestei atitudini!)

Persoana anorexică sau obeză primește mesaje foarte puternice din partea creierului și reacționează imediat la vederea mâncării de orice fel (în cazul anorexicului) sau la pierderea în greutate (pentru obez). Aceste mesaje declanșează un dezgust imediat, în primul caz, și o reacție de tipul „foame maximă", în al doilea. În același timp, întreaga chimie a corpului se pune în funcțiune pentru a ajuta bolnavul să își rezolve „problema". Corpul devine bulversat, secretă substanțe care provoacă arsuri gastrice sau stimulează centrul foamei, creându-se, în acest fel, o agravare a disfuncțiilor existente.

Astfel, există o legătură foarte intimă între creier și metabolism care, în realitate, sunt una și aceeași entitate. Creierul este incapabil să modifice imaginea deformată pe care persoana afectată o are despre sine. De exemplu, o anorexică își va nega problemele, va spune că prietenele sale sunt chiar mai slabe decât ea și, în concluzie, îi va fi teamă să se îngrașe, în timp ce ea nu cântărește mai mult de 35 de kg!

Această „nebunie" sau absență a raționalului nu poate fi negată, iar faptul că rațiunea și reacția corpului sunt atât de intim legate agravează problema. Toate acestea tind să demonstreze încă o dată că persoana care suferă de asemenea tulburări trăiește foarte personal tot acest proces și *se identifică la nivel intim* cu propria suferință. Ca să spunem așa, boala este programată și dacă persoana afectată conștientizează acest lucru va face un mare pas înainte, fiind însă nevoie de etape de remediere și de anulare a programului care conectează aceste reacții automate și asociative între planul intelectual și cel fizic.

Să revenim o clipă la Stéphanie. Crizele sale sunt incontrolabile și survin la intervale neregulate. Le trăiește foarte greu fiindcă *trebuie* să mănânce, în timp ce o voce îi spune că este stupid și greșit să o facă. Dorința sa este copleșitoare și nu reușește să gândească. Oscilează între lipsa rațiunii și senzația că înnebunește. Vărsăturile care urmează crizei sunt semn că aceasta s-a încheiat și că Stéphanie poate uita de acest moment de „nebunie", până data viitoare.

Stéphanie trăiește o tensiune permanentă deoarece se teme de aceste momente de criză și știe că, cel mult, poate doar amâna un nou moment culminant. Se consideră lipsită de voință și are despre sine o imagine depreciativă. Crede că este o femeie fără valoare, este surprinsă de dorința prietenului de a locui împreună cu ea și suferă fiindcă nu îi poate mărturisi că este bulimică.

Când am întrebat-o care sunt motivele crizelor sale, Stéphanie s-a pierdut în explicații citite și recitite de nenumărate ori: „Pentru a compensa un gol sau o atracție pentru dulciuri care au legătură cu momente ale copilăriei." În realitate, nu părea deloc convinsă de explicațiile sale și nu cunoștea cauza profundă a acestor crize. Oricum, nu era câtuși de puțin îngrijorată și nu își dorea decât un singur lucru: să înceteze crizele și să reușească să găsească un mijloc prin care să le reducă frecvența și intensitatea. Acceptase că viața sa nu este decât o luptă neîncetată împotriva crizelor și că avea la îndemână o singură afirmație: „Sunt bulimică și nu vreau decât să reușesc să trăiesc cu asta, să trăiesc cu prietenul meu, să cresc copii, să am o viață socială satisfăcătoare, fără ca oamenii să poată bănui ceva despre boala mea."

Stéphanie nu s-a întrebat niciodată cum apăreau aceste crize, ce provoca o asemenea indispoziție sau stare de rău, astfel încât singura cale de ieșire să fie aceea de a se năpusti asupra mâncării, la fel cum alții fumează, se droghează, beau sau... fac jogging? Ca să răspundă la aceste întrebări, Stéphanie a trebuit să nu se mai situeze „în timpul" crizei, ci „înaintea" ei. A înțeles foarte repede că o tensiune importantă o preceda. De unde venea, așadar, această tensiune? De cele mai multe ori, de la un eveniment care dădea naștere unei emoții pe care ea nu își permitea s-o trăiască sau să o exprime! Această emoție netrăită crea o tensiune și se metamorfoza în scurt timp într-o criză.

A conștientiza sau a reuși să determini persoana care suferă să conștientizeze că ea însăși și-a programat boala constituie prima etapă, dar ce este de făcut, în acest caz, ca să ajuți pacientul să se vindece (subliniindu-i că este singurul care o poate face)? Au oare medicamentele vreo utilitate?

Unele sunt total contraindicate, precum antidepresivele și calmantele, care nu fac decât să mascheze adevăratele probleme, iar suferința asociată se manifestă prin simptome legate de starea de rău. Aceste medicamente aduc doar iluzia unei stări de bine, mai mult contraproductivă decât utilă. Substanțele anorexigene și cele stimulatoare reduc sau cresc apetitul prin intermediul sistemului neurovegetativ, ceea ce provoacă efecte secundare cunoscute și foarte neplăcute, cum ar fi uscăciunea gurii, greața și tulburările cardiace. Medicina alopată propune, de asemenea, soluții pentru aceste simptome, dar, întrucât nu simptomul este cauza bolii, medicamentele sau celelalte substanțe ajută rareori bolnavul să își rezolve problema.

Pot aceste medicamente alina temporar suferința? Da, pot, însă, în acest caz, riscul apariției unei dependențe este mare și este prea puțin probabil ca pacientul să nu mai sufere din cauza disfuncției originale, care se manifesta prin dereglări nutriționale. A plonja într-o dependență reprezintă o altă modalitate de a nu ne iubi. Prin urmare, este mai bine să ne abținem de la administrarea oricărui fel de medicament, cu excepția situațiilor foarte grave, în care viața este pusă în pericol.

Dacă medicamentele, psihanaliza pură și dură, cursurile de nutriție și celelalte abordări cunoscute nu sunt foarte concludente, ba chiar indezirabile, atunci ce este de făcut? Trebuie să lăsăm omul în voia suferinței și să așteptăm să iasă din ea de unul singur? Bineînțeles că nu! Singura cale este să încercăm toate posibilitățile, astfel încât să-i putem reda o imagine reală despre persoana sa, imagine care i-a fost distrusă sau pe care a distrus-o, parțial sau în totalitate. Totodată, asta înseamnă că trebuie să îl ajutăm să-și regăsească respectul și iubirea de sine. Poate părea foarte idealist, dar, în realitate, este singurul demers care asigură o vindecare profundă și veritabilă. Acest proces va trebui să fie integral sau holistic și va asigura, în același timp, vindecarea spiritului și a corpului. Va trebui să se caute în interiorul ființei - știind că doar ea este capabilă să reușească -, o ființă pură, minunată, plină de iubire, care există dintotdeauna, dar care nu a fost „hrănită" niciodată, acesta fiind motivul deformării totale a ființei care trăiește aceste tulburări și care suferă din cauza lor.

Hrana nu este dușmanul nostru

O criză de bulimie, așa cum am văzut în cazul lui Stéphanie, este un moment în care persoana *trebuie* să mănânce ca să își satisfacă o nevoie necontrolată de „a se umple" cu hrană. Această hrană ar putea fi mai mult sau mai puțin dulce sau sărată, dar pentru bulimic orice amestec este posibil, fiindcă dorința de a mânca este cea mai puternică și „tot ce îi cade în mână" i-ar putea satisface pofta violentă.

Intensitatea, imposibilitatea de a-i rezista sunt catalogate de știință drept „dorință compulsivă". În majoritatea timpului, această dorință apare atunci când persoana este singură fiindcă poate, fără să fie deranjată sau să se simtă jenată, să își satisfacă această dorință compulsivă. Unele persoane care suferă de bulimie resping hrana după ce s-a încheiat criza, fie provocându-și vărsături, fie utilizând laxative sau spălături intestinale repetate, fie deoarece apare o intensă greutate la nivel intestinal și, drept urmare, se simt foarte rău, fie pentru că le este teamă că se vor îngrășa. Se obișnuiește să se spună că persoanele care își provoacă voma sunt cazuri mult mai grave decât celelalte. Cea mai mare parte a persoanelor care suferă de bulimie sunt adolescente și femei, deși, de câteva decenii, această patologie afectează tot mai mulți bărbați. După criză, bulimica este cel mai adesea deprimată și furioasă pe sine pentru că știe, pe de o parte, că își face rău și, pe de altă parte, se simte complet devalorizată, fiindcă nu a reușit să reziste unei pofte venite din străfundurile propriei persoane.

O persoană bulimică o ține dintr-o criză în alta, luptă împotriva acestora, uneori cu un oarecare succes (adică, uneori reușește să nu mai cedeze dorinței) și, de cele mai multe ori, se află în situația în care mănâncă mult și compulsiv. Încearcă să nu mai cadă pradă crizei, folosindu-se de numeroase subterfugii, precum implicarea într-un flux excesiv de activități sau alte metode de distragere a atenției. Hrana devine dușmanul și cauza durerilor sau stărilor de rău; dulapurile și frigiderul sunt golite și perspectiva de a retrăi o criză este omniprezentă. În majoritatea timpului, nimic nu ajută și crizele se succed, fie pe perioade de câteva zile sau de câteva săptămâni, fie aproape zilnic.

Așa cum am mai evidențiat, hrana nu este cauza, ci doar un refugiu artificial, precum țigara pentru fumător, alcoolul pentru alcoolic și drogul pentru drogat. Hrana, fie sărată sau dulce, nu există pentru a ne reaminti momentele petrecute în timpul copilăriei lângă bunica care pregătea tarte cu fructe, cum mi-a spus într-o zi o pacientă care făcuse o analiză și credea că știe motivul crizelor sale, nereușind însă să se debaraseze de ele! Acest tip de explicație, întâlnită într-o ramură a literaturii sau la numeroși terapeuți, nu reprezintă o contribuție și nu are niciun fundament științific. Să admitem că oferă o explicație, însă nu ajută bolnavul să se vindece! Hrana rămâne nucleul și, evident, bolnavul își va concentra întreaga energie împotriva acesteia, ca să nu mai cedeze dorințelor sale. Nimic nu funcționează și este uimitor că mulți terapeuți continuă să își concentreze abordările terapeutice pe mâncare sau pe aspecte colaterale.

Dacă mâncarea nu este decât un refugiu, atunci cauza profundă a suferinței se regăsește altundeva. Este situată, temporal, înaintea crizei, nu în timpul acesteia. Fenomenul declanșator nu se regăsește în atemporal sau cu mulți ani în urmă, ci chiar în momentele care preced criza. Această cauză trebuie căutată, cel mai adesea, în ziua sau orele de dinaintea producerii crizei. Ea trebuie să fie suficient de importantă pentru pacient și să fi declanșat o tensiune atât de violentă, încât să defuleze într-o poftă atât de irezistibilă. Este vorba despre o tensiune trăită deosebit de profund, născută din ciocnirea între două aspecte ale persoanei: „cea autentică" și „cea falsă". Cea falsă, adică partea care funcționează în raport cu ceilalți, cea care gândește în gol și trăiește în viitor sau în trecut, a triumfat din nou și a ieșit la suprafață.

Orice tratament va încerca să recanalizeze persoana către partea autentică, adică aceea care trăiește în momentul prezent, are grijă de ea însăși și trăiește ce simte. Acest lucru cere un mare efort de construire a încrederii în sine, care va duce, fără îndoială, la reducerea atitudinilor false, a funcționării în raport cu ceilalți și nu conform propriei personalități. Prin urmare, aceasta implică o reducere a frecvenței și intensității, până la dispariție, a tensiunilor de bază și, în consecință, la o vindecare profundă și durabilă a bulimiei. Hrana va redeveni un aliat capabil să aducă o energie optimă pentru o viață fericită. Își va recăpăta adevăratul loc fiindcă persoana care a suferit de bulimie se va iubi și se va respecta din nou și, atunci, va respecta și ceea ce mănâncă.

Procesul este același pentru vindecarea restului tulburărilor alimentare.

Fără îndoială, îmi veți spune: „Toate acestea sunt minunate, dar pură teorie, deoarece în viața mea de toate zilele nu reușesc să nu am tensiuni, viața însăși este o sursă de tensiuni!" Desigur, viața nu este întotdeauna ușoară, are bagajul ei de greutăți și tristeți. Trebuie să le facem față. Modul în care facem față este determinant.

Să mai luăm un exemplu. Să ne imaginăm o femeie, mamă de familie, care lucrează în plus. La serviciu, această femeie îndură comentariile depreciative ale anturajului. Seara, când se întoarce acasă, își găsește copiii dezlănțuiți și insuportabili (în ochii ei) și pe soț, bosumflat, după ce a avut o zi foarte proastă. După ce s-a ocupat de treburile casnice, această femeie riscă să rămână singură, obosită după ziua grea și ar putea atunci să înceapă să mănânce compulsiv. Poate că va avea și zile mai bune.

Care este diferența dintre cele două atitudini diametral opuse, la aceeași femeie? Oboseala este aceeași, mediul, de asemenea (birou, copii, soț), dar concluzia este următoarea: ori o suferință care atrage o criză de bulimie ori o simplă oboseală care se va încheia cu un somn profund și reparator. Diferența constă în atitudinea pe care o adoptă această femeie de-a lungul zilei. Trăiește în prezent ceea ce simte sau nu? Își exprimă furiile create de remarcile dureroase de la locul de muncă? Păstrează în sine emoțiile, în numele principiilor sau din alte motive care nu îi permit să exprime ceea ce simte?

În primul caz, nu va exista tensiune și, prin urmare, doar oboseala va fi prezentă; în al doilea, multe tensiuni vor fi prezente și neexprimarea lor va provoca o criză de bulimie. Vedem că doar atitudinea acestei femei față de ceea ce i se întâmplă în viața de zi cu zi va determina starea de rău care se transpune într-o criză de bulimie. Hrana nu are nicio legătură în această problemă, nu mai mult decât mediul! Doar femeia este capabilă, dacă își acordă dreptul, și, în consecință, dacă se respectă, să își exprime furiile și să își trăiască tristețea. Nimeni nu o poate face în locul ei, așa cum ea este incapabilă să îi schimbe pe ceilalți. Tensiunile nu vin din exterior, ci din interior. Și dispar din momentul în care ea își dă dreptul să-și exprime, adică să își trăiască, emoțiile. Poate fi ușor de înțeles, dar uneori poate fi foarte greu de pus în practică, deoarece toată educația noastră este împotriva acestui principiu de bază.

Capitolul 6

Iubirea, esența vieții

Iubirea universală este cea care începe cu iubirea de sine, cu alte cuvinte, cu acceptarea a ceea ce suntem cu adevărat ca fundament al evoluției noastre[7].

– Pir K. Ançari

Fără iubire nu există nimic, fiindcă ea este tot și *este* Totul! Fără iubire, apar pierderea identității, boala, gelozia, invidia, distrugerea și războiul.

Iubirea este impersonală și personală, dezinteresată și totală. Este peste tot, omniprezentă, în noi și în jurul nostru, în toate planurile: uman, celest și cosmic. Există și trebuie să ne conectăm cu ea, în noi înșine, în jurul nostru. Ea învăluie ființa noastră și lumea.

Omul nu mai iubește cu adevărat, nu se mai iubește, nu se mai cunoaște, nu se recunoaște în nimic, fiindcă și-a pierdut credința în sine însuși. Fără această credință, cum poate visa să fie iubit de ceilalți? Fără respectul de sine, cum îi poate respecta pe ceilalți și poate fi respectat, la rândul său, de ei? Fără iubirea de sine, cum putem trăi într-o stare bună de sănătate? Fără iubire, cum putem învăța un copil că este o ființă frumoasă, înzestrată cu calități, că este suficient să se inspire din el însuși ca să trăiască fericit? Cum putem pretinde că trăim bine fără iubirea de sine, de ceilalți și de tot ce ne înconjoară?

Sănătatea, ca, de altfel, orice altceva, este dependentă de iubire. Am văzut că, atunci când intelectul are prioritate, refuzându-ne dreptul de a fi, adică de a simți și de a ne trăi sentimentele, apar tensiunile și bolile. Acestea din urmă sunt dovezi ale unei lipse de respect (și, prin urmare, de iubire!) față de propria persoană. Este foarte simplu, la fel cum este și iubirea!

Ne naștem cu calități care se regăsesc la toți oamenii: inteligență, sensibilitate, creativitate, entuziasm, senzualitate, intuiție și altele. Sunt prezente în proporții diferite la fiecare, explicându-se astfel unicitatea ființei umane. Cât timp trăim utilizându-ne calitățile și fiind noi înșine, suntem fericiți, în armonie cu conștiința noastră și cu lumea exterioară, suntem sănătoși. Este foarte simplu de explicat acest lucru deoarece, atâta vreme cât ne respectăm, corpul ne va arăta că suntem pe calea cea bună. În acest fel, vom trăi în pace, fericire, seninătate. Senzațiile de acest fel sunt profund înrădăcinate în noi: „știm" că suntem bine! Nu ne „gândim" că suntem bine, ci avem această certitudine și nu există nicio urmă de îndoială în privința ei. Cu cât ne bucurăm de o stare de sănătate stabilă și bună, cu atât mai stabile vor fi și senzațiile de bine, dar și conștientizarea lor.

„A fi tu însuți" înseamnă să folosești ceea ce se află în tine, să îți utilizezi calitățile, să le dezvolți, iar asta nu se poate face decât în momentul prezent, fiindcă, să nu uităm, existăm *acum*, nu ieri sau mâine! Atunci când acceptăm să trăim cu calitățile noastre, arătăm iubire pentru noi înșine. Să respectăm ceea ce avem în noi înseamnă să ne iubim. Respectul este fundamentul iubirii și al oricărei relații, fie că aceasta este cu ceilalți oameni, cu animale, cu plante sau cu lumea minerală. Fără respectul față de ceea ce suntem și deținem în fiecare dintre noi nu putem fi capabili să respectăm mediul în care trăim; din păcate, acesta este motivul pentru care lumea noastră actuală este poluată, în război (economic și militar), violentă și „fără suflet". În absența respectului de sine, cum ne putem imagina că lumea în care trăim este diferită? Nu poate fi, pentru că este o reflecție a noastră!

Societatea nu reprezintă altceva decât un grup de indivizi care își pun la comun resursele. Nu este decât oglinda trăirilor interioare ale fiecăruia dintre membrii săi, așa cum corpul este oglinda a ceea ce se află înăuntrul nostru. Când iubirea este prezentă, omul radiază și dorește ca lumea în care trăiește să fie la fel ca el. Dacă iubirea nu se află la cârma vieții noastre interioare și a relațiilor noastre sociale, se instalează disconfortul, ura, gelozia, invidia și violența – iar societatea reflectă viața interioară a fiecăruia. Mi se pare iluzoriu să credem că schimbând societatea sau lumea în care trăim vom deveni oameni mai buni. Nu mediul înconjurător condiționează omul, ci invers!

Decepția în care politicieni de orice orientare, sociologi aparținând oricărui curent, bisericile și toate celelalte structuri de aducere laolaltă au întreținut ființa umană de atâtea decenii este, fără îndoială, marele responsabil pentru relele cu care ne confruntăm. Aceasta este o minciună gravă. Este ca și cum ne-am spune: „Omul este incapabil să fie fericit prin forțe proprii, trebuie să i se clădească, așadar, o lume care să fie cât mai bună posibil, astfel încât el să poată evolua și deveni mai bun și mai responsabil." Această iluzie, această minciună a pavat drumul pentru succesul sistemelor comunist și național-socialist, de exemplu, dar și al bisericilor, sectelor religioase, indiferent de naționalitate și de rasă! Dogmele lor au atras pierderea simțului responsabilității individului, deși acesta este centrul preocupărilor noastre. Cum putem crede că societatea poate iubi? O creație pur cerebrală și intelectuală nu poate iubi! Nu poate decât să gândească în gol! Asta se întâmplă și cu noi toți, de prea multe ori, iar unii l-au adoptat ca sistem de viață... și chiar l-au ales ca profesie!

Nu se pune problema să punem sub semnul îndoielii noțiunea de societate, dar să ne amintim că societatea nu poate nici să fie, nici să trăiască, nici să simtă, nici să iubească în locul nostru! Societatea, lumea înconjurătoare, exteriorul există, dar nu îl pot face pe individ fericit sau nefericit. Bineînțeles, pot exercita o influență, dar nu sunt responsabile de starea noastră de rău. Oameni care trăiesc într-un mediu minunat, cu toate facilitățile materiale posibile, pot fi nefericiți, pe când alții, trăind în condiții contrare, sunt fericiți. Mediul (din care face parte societatea!) nu este decât un factor mai mult sau mai puțin determinant, dar nimic altceva!

În ceea ce privește sănătatea, anumiți „oameni de știință" au încercat să ne facă să credem că, îmbunătățind condițiile de viață exterioare, lumea ar deveni mai sănătoasă și boala ar regresa. Faimosul slogan al OMS, „Sănătatea pentru toți în anul 2000", face parte din această iluzie. Este adevărat că, ameliorând condițiile exterioare, de exemplu, construind puțuri, latrine și educând populația să aplice măsuri optime de igienă, unele tipuri de boli au regresat în lume. Aceste succese mai degrabă de mică amploare au condus pe unii, pe o scurtătură, nu tocmai științifică, la concluzia că mediul înconjurător condiționează sănătatea.

Ca să nuanţăm intens această afirmaţie, este suficient să constatăm că alte boli şi-au făcut, în acest caz, apariţia. Desigur, mediul favorizează o boală sau alta, dar este interesant să subliniem că, pe de o parte, acesta este oglindirea celor care îl ocupă şi că, pe de altă parte, în acelaşi mediu, oamenii nu reacţionează în acelaşi mod: unii sunt într-o stare excelentă de sănătate, alţii sunt bolnavi. Această simplă constatare, care nu implică neapărat o rigoare ştiinţifică, este de ajuns pentru a demonstra că mediul înconjurător, oricât de valoros ar fi, nu este esenţa stării de sănătate şi fericirii oamenilor.

Din moment ce mediul nu reprezintă motorul, cauza principală a fericirii sau a nefericirii resimţite de individ, trebuie să ne întoarcem la acest ultim aspect, la ceea ce simte, trăieşte, nu în relaţie cu exteriorul, ci cu interiorul. În acest caz, este esenţial să acceptăm faptul că atunci când suntem tensionaţi, bolnavi, nu ceilalţi sau mediul în care trăim sunt cauza, ci noi înşine!

Să luăm un exemplu simplu. Dacă eu mă enervez fiindcă un prieten tocmai mi-a spus ceva ce nu accept (adevărat sau fals, puţin contează!), pot fie să îl învinovăţesc pe el fiindcă m-a iritat, m-a făcut să am o noapte grea şi, în acelaşi timp, fiindcă m-a făcut să-mi dojenesc pe nedrept copiii, fie să îmi spun că prin semnele pe care mi le furnizează, corpul meu încearcă să îmi spună că sunt pe cale să nu mă mai respect, să nu mă mai iubesc. Punându-mi această problemă, îmi recentrez atenţia asupra mea – lucru important deja fiindcă reprezintă punctul iniţial al conştientizării – şi voi ajunge foarte repede la concluzia că simt furie sau iritare. Să mă respect înseamnă că trebuie să îmi ofer libertatea totală de a trăi acest sentiment. Făcând-o, furia mea va dispărea, voi dormi buştean şi mâine nu-mi voi copleşi copiii cu reproşuri nejustificate... Corpul meu (fiinţa mea) reacţionează la exterior (în cazul de față, la ceea ce mi-a spus prietenul meu) și asta provoacă furia. Această furie este prezentă, iese din discuție să o negăm sau să ne întrebăm dacă este motivată sau nu, trebuie să o trăim!

Iubirea de sine înseamnă, în acest exemplu, să ne dăm voie să trăim, în momentul prezent, sentimentul reprezentat de furie. În schimb, corpul ne va trimite un mesaj de lipsă a tensiunii, de ușurare și de bună dispoziție. În mod contrar, lipsa iubirii și a respectului se va traduce imediat printr-o tensiune interioară și prin suita de semne menționate anterior. Exteriorul și mediul nu au prea mult de-a face cu nefericirea sau disconfortul meu.

Michèle suferă de o recidivă a unui melanom, un cancer de piele malign. Starea sa generală este bună, însă au fost identificate metastaze în pancreas și ficat, cu toate că tumora primară a fost îndepărtată chirurgical. Michèle are patruzeci de ani, patru copii și se află la conducerea unei întreprinderi înființate de tatăl său. Acesta intenționa să îi predea compania fiului său, dar, după ce acesta din urmă a murit într-un accident de mașină, Michèle a preluat frâiele.

Prima tumoră a apărut la trei luni după moartea fratelui, pe care se pare că pacienta a interiorizat-o foarte mult. Nu ezită nicio secundă să răspundă atunci când este întrebată despre motivul pentru care suferă de cancer de piele: relațiile cu tatăl său reprezintă cauza. Îi reproșează o atitudine autoritară deosebită, că nu i-a dat încredere în ea însăși, că o tratează în continuare ca pe secretara lui, lăsând mereu toate în seama ei. Cancerul este rezultatul acestei stări, dar își dorește foarte mult să trăiască pentru ea, ca să se bucure de viață și să se simtă împlinită în calitate de mamă, director de companie și soție. Vrea să înceapă un proces susținut de transformare a propriei persoane deoarece simte nevoia să o facă, sperând totuși să nu fie prea târziu; este pregătită chiar să oprească activitatea pe care o desfășoară în cadrul companiei de familie, dacă se dovedește a fi necesar pentru ca ea să trăiască. Bineînțeles, îi este teamă deoarece cunoaște exact prognosticul foarte sumbru în legătură cu starea sa de sănătate.

Michèle este o femeie inteligentă și sensibilă, deși cazul ei ilustrează perfect obiectivul nostru: pe de o parte, admite că atitudinea tatălui față de ea reprezintă cauza profundă a cancerului de care suferă și, pe de altă parte, simte nevoia să lucreze cu sine, astfel încât să își poată rezolva unele probleme personale care îi provoacă suferință. Crede că dacă se va izola de mediul său și își va rezolva câteva probleme personale cancerul ar putea dispărea. Acest demers, foarte cerebral, analitic și logic, este sortit eșecului: unde se situează Michèle, de fapt? Când spun „Michèle", înțeleg cea care trăiește, care simte furie împotriva tatălui, dar și tristețe fiindcă nu este considerată de acesta un succesor demn, așa cum era fratele ei. Lipsa încrederii de sine este, desigur, rezultatul diferitelor atitudini parentale, dar suferința sa actuală nu este decât „urmarea" logică a faptului că ea nu își dă voie, nu își acordă dreptul să trăiască sentimentele de furie și tristețe. Nici mai mult, nici mai puțin. Și ea moare din cauza asta... Din punct de vedere intelectual, Michèle a înțeles foarte repede, apoi a integrat toate acestea și urmarea a fost exprimarea furiei împotriva tatălui. A fost momentul în care medicii au constatat dispariția metastazelor!

A continuat să lucreze cu ea însăși, nefolosind analiza clasică, ci înțelegând ce încerca să îi spună corpul său prin intermediul a ceea ce i se întâmpla fizic. S-a concentrat asupra sentimentelor sale și și-a dat voie să le trăiască, încetând să le ignore, așa cum obişnuia să o facă înainte. În prezent, este vindecată şi, cu ocazia ultimei noastre întâlniri, mi-a spus că această afecţiune a fost cel mai frumos lucru care i s-a întâmplat! Minunată aventură trăită de o femeie care iese din tipare prin calităţile sale, aţi spune? Da, desigur, dar orice persoană dornică să trăiască este capabilă să treacă prin această aventură, cu condiţia să accepte un lucru fundamental: fiecare este responsabil pentru propria sănătate, nu mediul în care trăieşte. Atunci, cum tocmai am văzut, totul este posibil, inclusiv vindecarea unui cancer letal precum melanomul malign cu metastaze!

Este foarte greu să recunoaștem că suferim din cauza lipsei de iubire de sine. În primul rând, această destăinuire este penibilă, fiindcă este mai ușor să ne imaginăm că ceilalți sunt responsabili pentru nefericirea noastră. În plus, educația ne-a învățat să ne iubim aproapele mai mult decât pe noi înșine, nu „*ca* pe noi înșine", cum propovăduiește, în realitate, textul sacru! Această falsă interpretare a unui mesaj comun multor religii și curente de gândire are diferite surse și ar fi dificil să le analizăm pe toate. Cu toate acestea, consider că este important să subliniez două dintre ele: educația parentală și norma socială.

Părinții își doresc să fie iubiți de copiii lor, lucru care, de altfel, este perfect natural. Însă această solicitare a iubirii, când este deformată – și, din păcate, se întâmplă deseori! – va antrena noțiunea de egoism. Acest termen poate fi interpretat în diferite moduri: poate fi negativ și considerat, în acest caz, ca „a trage spuza pe turta sa, fără să își facă griji pentru ceilalți", sau, mai rar, pozitiv, însemnând atunci că persoana este orientată spre ea însăși, în consecință, fericită, lucru care atrage deseori propagarea acestui sentiment în exterior.

Atunci când, căutând iubirea copiilor, părinții utilizează cuvântul „egoism", o fac sub formă de reproș. Copilul va înțelege mesajul așa cum a fost enunțat: te iubești prea mult, trebuie să îți iubești părinții mai mult decât pe tine însuți, fiindcă, dacă vrei să mai primești iubirea lor, trebuie să îi pui pe ei pe primul loc. Atunci copilul va dezvolta o atitudine care îl va împinge spre a-i plasa pe ceilalți, mediul, ca prioritate, de teamă să nu fie considerat „egoist".

În ceea ce privește cauza socială, aceasta a fost deja abordată mai înainte. Își are sursa în îndrumările distorsionate ale unui număr mare de organizații politice, religioase sau de alt fel, care proclamă următoarea regulă: individul trebuie să fie la dispoziția celorlalți, adică un simplu element în construirea sau în realizarea obiectivului pe care grupul sau societatea dorește să îl atingă. Ceea ce societatea dorește să realizeze se face în numele grupului, pentru grup, astfel încât fiecare din membrii săi să poată profita. Devine evident că individul nu poate învăța să se iubească și va nega, se va lupta chiar cu propriile aspirații și dorințe, în numele interesului comun. Acest mod de a vedea lumea dă prioritate celorlalți, în defavoarea noastră, lucru care, altfel spus, atrage o lipsă de iubire și de respect de sine.

Cu siguranță că, dacă timp de mai mulți ani, un copil se confruntă cu un discurs mai mult sau mai puțin înverșunat, care îl învață că întâi trebuie să îi iubească pe ceilalți, că grupul este totul și că el nu este decât o parte a acestuia, că trebuie să îi respecte pe ceilalți în primul rând și, dacă îi mai rămâne timp, spațiu și energie, să se respecte apoi pe el însuși, acesta își va pune progresiv deoparte propriile dorințe, sentimente, aspirații. Nereușind să rezolve singur acest impas, care îl copleșește, va adopta punctele de vedere ale celorlalți. Acționând astfel, va începe să se uite pe sine, să ignore persoana care este și, astfel, să nu se mai respecte. Va simți atunci o tensiune și, eventual, se va îmbolnăvi, lucru care îi va accentua dependența față de mediul în care trăiește. Și astfel, cercul vicios va dăinui!

În urmă cu mulți ani, medicii au constatat că descendentele de sex feminin ale aceleiași familii suferă de afecțiuni ale vezicii biliare care, de cele mai multe ori, se încheie prin îndepărtarea chirurgicală a acesteia. Medicina a cercetat o cauză ereditară, însă nu s-a putut demonstra nimic în acest sens. Să ne amintim că, în medicina chineză, vezica biliară este organul în care se ancorează grijile și furiile.

Întrebând o tânără care suferă de disfuncții ale vezicii biliare (arsuri la stomac, eliminare de lichid biliar pe cale orală) ce atitudini adoptă față de unele evenimente din viața sa, vom descoperi întotdeauna o persoană „frământată", preocupată să fie perfectă, cea mai bună mamă, soție, prietenă. De asemenea, să întrebăm această femeie dacă mama și bunica sa adoptau aceeași atitudine! Răspunsul va fi întotdeauna afirmativ, ceea ce ne îndreptățește să spunem că toate aceste femei au perpetuat aceeași atitudine față de viață și au suferit, în acest fel, de aceleași afecțiuni. Nu vedem aici decât o cauză educativă, care aduce copilul în stadiul în care se uită pe sine, în numele iubirii pentru ceilalți, și în situația în care nu își mai dă voie să existe pe deplin.

Aceeași analiză este valabilă pentru femeile care suferă de cancer de sân, patologie pe care o găsim deseori în aceeași familie: pacienta, mama sa, bunica au suferit sau suferă de un cancer de sân drept, toate fiind dreptace. Observați atitudinea pe care o adoptă aceste femei față de partenerii lor de viață și veți găsi cauza profundă a bolii lor! Ereditatea cromozomială nu are nicio legătură în acest caz, ci „ereditatea" educativă deține rolul determinant.

Întâlnim frecvent o altă reacție față de educație: refuzul! Acesta atrage revolta, violența sau evadarea. Acest refuz explică violența unui mod de trăire a tinereții, recursul la droguri sau adorația pentru secte, oricât de paradoxal ar putea părea! Aceste persoane vor simți ură, izolare socială, singurătate vinovată, condamnările societății. Vor trăi, de asemenea, tensiuni și, în cele din urmă, se vor îmbolnăvi.

În ambele situații, poziționarea în raport cu ceilalți rămâne totală și îl deviază pe copil de la ceea ce este el cu adevărat. Prin urmare, corpul va exprima această modificare prin semne precum tensiuni sau diferite boli. De fiecare dată când apare lipsa de respect față de sine corpul reacționează. Nu din plăcere aduce suferință, ci pentru a avertiza că lipsa de iubire de sine nu este o soluție, ci dimpotrivă! Doar întoarcerea către sine, adică la ceea ce ființa simte înlăuntrul său, o poate vindeca și îi poate aduce pacea și fericirea.

Adolescenții și adulții au fost cu toții copii! Aceasta explică gradul diferit de dificultate, în funcție de educația primită, pe care aceștia din urmă o vor trăi pentru a învăța din nou să se iubească. De fapt, despre asta este vorba și nimic altceva! Să reînvățăm că existăm, că suntem! Să redescoperim că în interiorul nostru se află o ființă extraordinară, atotputernică, capabilă de cele mai frumoase realizări și capabilă să iubească în mod real. Nu să iubească pentru a primi iubire în schimb, ci să iubească dezinteresat. Nu să iubească pentru a fi recunoscută de celălalt, ci să îl iubească pe celălalt în timp ce se iubește pe sine.

Mi-am format obiceiul de a le spune pacienților mei: „Într-o relație, dumneavoastră sunteți prăjitura și celălalt, cireașa!"; aceasta este ilustrarea adevăratei iubiri. Câte persoane care se află într-o relație cer celuilalt să le iubească pentru ceea ce sunt?

Un număr incalculabil de cupluri se despart din cauza acestei triste realități. Fiindcă nu se iubesc ele însele, solicită celuilalt să le iubească, în schimb. Iar asta nu poate duce decât la un eșec! Iubirea pentru celălalt este iluzorie, atâta vreme cât nu ne iubim noi înșine. Totul începe cu sine și asta implică, evident, că este responsabilitatea noastră directă să fim fericiți și sănătoși, nu a celorlalți!

Redescoperirea iubirii

În primul rând, trebuie să realizăm că iubirea nu este un lucru abstract, aflat în exteriorul nostru. Iubirea se află în noi înșine și doar în acest loc sacru o vom întâlni. Toate civilizațiile au legende proprii despre căutarea fericirii. Eroii hoinăresc prin lume, înfruntă diferite creaturi, întâlnesc zei și se angajează în luptă pentru a putea reveni în țara lor cu certitudinea că fericirea nu este în niciun alt loc decât în ei înșiși! Această căutare a Graalului este comună tuturor oamenilor, dar putem fi cruțați dacă acceptăm să facem pasul înainte și să privim înăuntrul nostru, nu în intelect, ci în ceea ce face posibilă existența noastră: nucleul fundamental, fiindcă el este Totul și el conține iubirea.

A accepta să ne ocupăm de noi înșine este deja o dovadă de interes și de respect. Nu putem admite că Totul este cuprins în noi decât după ce, în prealabil, am încercat să ne îndreptăm spre întâlnirea cu sinele. Această căutare are nevoie de o doză deosebită de modestie, contrar a ceea ce am putea crede sau ne-am putea imagina. În realitate, când descoperim că în noi se găsește Totul, devine greu să continuăm să credem că „bubele", bolile și stările noastre de rău se datorează unui factor exterior nouă înșine! Asta înseamnă că, odată descoperită forța imensă pe care o avem fiecare în noi, devenim umili, modești și mult mai toleranți. În mod bizar, această descoperire ne face mai umani, mai înțelegători și respectuoși față de suferință și obstacole, fiindcă o adevărată înțelegere a ordinii lucrurilor apare în acest caz. Această toleranță, această înțelegere, care este un aliat profund al iubirii, sunt un motor trainic ce însuflețește ființa noastră și o fac să îndeplinească acțiuni considerate ca „incredibile", atâta vreme cât o astfel de forță conținută în nucleul fundamental nu este întâlnită și trăită.

Această forță este deseori numită „spiritualitate", lucru care, după părerea mea, este prea restrictiv sau poate descuraja unii oameni fiindcă trăirea spiritualității li s-ar părea un exercițiu dificil și mulți dintre ei sunt convinși că această abordare este sinonimă cu rugăciunea, cu meditația profundă și extazul. Evident că spiritualitatea nu reprezintă asta! Spiritualitatea face parte din nucleu; este un demers care duce spre pacea interioară și spre Tot. Poate fi trăită prin intermediul muzicii, artei, naturii, iubirii față de tot ce ne înconjoară și față de ceea ce ne face să existăm. Toți purtăm în noi o parte spirituală pe care o exploatăm, mai mult sau mai puțin conștient. Spiritualitatea nu este un zeu căruia trebuie să îi dedicăm tot timpul nostru. Totuși, dezvoltarea acestei spiritualități reprezintă un demers necesar și vital pentru a putea ajunge la starea de bine și de seninătate.

Mi se pare important să stabilim aici diferența imensă care există între abordarea spirituală și cea psihanalitică.

Unul dintre obiectivele vieții spirituale este de a dizolva tendințele trecute, mergând la originea lor, astfel încât să se redobândească libertatea interioară. Tendințele trecute reprezintă schematic ceea ce Freud a definit ca fiind inconștientul, adică formațiuni psihice, pulsiuni și amintiri refulate, care păstrează o anume influență asupra psihicului și, în același timp, asupra comportamentului cotidian. Potrivit lui Freud, singura tehnică valabilă pentru a ne elibera de toate acestea este psihanaliza.

Doar simpla recunoaștere a unor probleme din trecut nu poate fi de ajuns. Retrăirea lor nu poate fi decât un remediu limitat, care ar putea îndepărta unele blocaje (și asta, pe termen scurt), dar nu le va elimina cauzele primare. Nu rezolvi nimic dacă zgândări trecutul și îl aduci la suprafață! Marele obstacol pe care îl întâlnește psihanaliza este că această știință nu determină cauzele primare ale problemei, care pornesc întotdeauna de la atașamentul față de *ego*. Acest atașament condiționează ființa și duce la atracția, la repulsia sau la adulația de sine. Acest *ego* nu reprezintă nucleul care sălășluiește în noi, ci o imitație ternă, palidă: *egoul* este cel care se poziționează în raport cu ceilalți și cu lucrurile. Dacă năruim atașamentul față de *ego* (cu ajutorul meditației și al spiritualității), cauza originală dispare și se consumă.

În ceea ce privește psihanaliza, aceasta este o prezentare descriptivă a ființei care suferă. Pacientul își descrie în detaliu problemele, tulburările, le studiază în același mod în care un dermatolog descrie o leziune a pielii. Atunci, este încurajat să caute înăuntrul lui (adică, în intelect!) asocierile (mentale!) care îi vin în minte sau să numească persoanele cu care își asociază tulburările: părinții, educatorii, colegii, prietenii și tot așa.

Partea mentală a ființei noastre este partea „educată" și este evident că referințele acesteia despre noi înșine se vor îndrepta către cei care ne-au educat, atât bine, cât și rău. Aceștia din urmă vor fi găsiți „responsabili" pentru disconfortul persoanei suferinde, iar pacientul nu va omite să amintească acest aspect celui care vrea să-l asculte. Confesiunea poate provoca o oarecare alinare și eliberare, dar de scurtă durată, deoarece pacientul știe, în sinea sa, că există un alt adevăr. Progresele vor fi foarte parțiale, strict mentale, însă nu va fi dobândită pacea interioară. Se instalează o falsă pace mentală, care nu poate fi durabilă. În același timp, tratamentul va putea continua și psihiatria va supraviețui!

Este adevărat că unele tendințe ale psihanalizei se distanțează de această abordare extrem de mentală și intelectuală, punând accentul pe latura emoțională, însă abordarea rămâne fragmentată, superficială și, prin urmare, deosebit de ineficientă! Am putea să o comparăm cu abordarea unui bărbat care divorțează și el nu se privește pe sine, considerând că soția sa a făcut toate greșelile. Acest tip de analiză a situației, foarte superficială, îi este de ajuns: responsabila pentru eșecul cuplului a fost găsită, este suficient deci să schimbe partenera și totul ar trebui să se rezolve. Se poate paria că acest bărbat va trece printr-un nou divorț.

A-i acuza pe ceilalți pentru propriile eșecuri nu a fost niciodată de folos pentru a putea înainta în viață și nici pentru a ne simți mai bine. Am văzut că „eșecurile" pot și trebuie să fie folosite ca să înțelegem ce facem greșit înăuntrul nostru, nu în raport cu ceilalți, ci în raport cu emoțiile noastre! Este ușor să îi acuzăm pe ceilalți, însă atitudinea aceasta nu aduce o stare de bine, dimpotrivă, provoacă multă amărăciune și ranchiună; și ranchiuna nu este nimic altceva decât o furie interiorizată!

În întâmpinarea nucleului fundamental

Toate tehnicile de relaxare bazate pe respirație sunt, așa cum am explicat deja, utile. Tăcerea și meditația sunt alte mijloace cu ajutorul cărora putem ieși în întâmpinarea noastră.

Multe alte abordări pot însoți aceste tehnici, însă detalierea lor nu face obiectul acestei cărți. Toate sunt bune și pot fi complementare, dar fiți precauți în ceea ce privește turismul în scopuri de meditație sau holistic! De fapt, întâlnești tot mai frecvent oameni care au încercat, au făcut și au practicat totul, au înțeles tot, dar care, în realitate, se simt în continuare rău în pielea lor! Aceste persoane au o cunoaștere intelectuală enormă, însă nu au trăit nimic. Ele cred că știu, se delectează cu informația pe care o dețin, continuă „să învețe", fie din cărți, fie urmând cursuri, dar se amăgesc sau sunt amăgite de „terapeuți" care parcurg același traseu steril de viață: practicieni acoperiți cu diplome, incapabili să facă ceva concret cu această „cunoaștere". În fond, este foarte ușor să mergem la întâlnirea cu noi înșine.

În primul rând, trebuie să ne dorim profund, apoi să încercăm tehnici diferite, pentru ca, în final, să le alegem pe cele care ni se potrivesc cel mai bine. Încercările pot fi numeroase sau unice, nu contează, dar sentimentul sau intuiția trebuie să fie implicate în alegerea pe care o facem. Ce simt exersând aceste tehnici? Dacă efectele sunt benefice, atunci insistați; în caz contrar, renunțați și alegeți o altă abordare. Poate cândva veți putea reveni la cea pe care nu ați păstrat-o, fiindcă pur și simplu nu era cea bună pentru voi la momentul respectiv.

Care sunt aceste diferite tehnici care permit regăsirea nucleului nostru fundamental? Așa cum tocmai am spus, sunt multe. Cu toate acestea, mi se pare foarte important să ținem cont de câteva reguli generale. Aceste tehnici trebuie să dea prioritate absolută **simțămintelor,** deci emoțiilor, și să nu privilegieze activitatea intelectuală și discuția. De asemenea, este important să fie implicat corpul, într-un fel sau altul, pentru că, de cele mai multe ori, este ignorat sau uitat de cei care nu sunt sau nu mai sunt în contact cu ei înșiși. Corpul nostru păstrează în el vibrațiile, amintirile emoționale și, printr-o tehnică adecvată de **atinge-**

re, acestea din urmă vor ieși la suprafață și vor putea fi atunci trăite în plan emoțional. Acest aspect este major, deoarece, fără el, orice demers rămâne peste măsură de intelectual și, implicit, steril.

Cu excepția priorității acordate simțământului și atingerii, **exprimarea emoțiilor** trebuie să fie posibilă, pentru că fără exprimare nu există vindecare! Exprimarea emoțiilor se face în diferite moduri și trebuie să fie posibilă în orice moment, în timpul unei terapii. Pe de altă parte, acesta ar trebui să fie scopul oricărei terapii! Trăirea emoțiilor în timpul sau după o ședință de terapie este primordială: plânsul, furiile trebuie să fie exprimate, dar și starea de bine resimțită. Aceasta din urmă apare din energia care circulă din nou în corp, dar și din eliberarea, prin exprimarea emoțiilor netrăite.

Ceea ce tocmai a fost prezentat pentru tehnică este, totodată, valabil și pentru terapeutul care o predă. Dacă nu vă place, indiferent de motive, renunțați. Trebuie să puteți merge în întâmpinarea voastră cu toată încrederea; iar pentru asta, trebuie să fiți însoțiți de cineva puternic, onest și care nu urmărește să exercite asupra voastră niciun fel de putere.

Această noțiune de putere este importantă în alegerea tehnicii și a terapeutului. De fapt, un adevărat terapeut este o persoană care nu are putere asupra voastră; el nu este decât canalul de comunicare între voi și nucleul vostru. Nu puteți trăi cu această persoană decât ceea ce, în străfundul vostru, ați decis să trăiți, în mod inconștient, bineînțeles. Însă unele persoane care pretind că sunt buni terapeuți folosesc puterea, condescendența și intoleranța. Aceștia nu sunt adevărați terapeuți și vă pot provoca mai mult rău decât bine. Orice terapeut care vă va declara că vă va face numai bine este de evitat. În realitate, fie s-a exprimat greşit, fie a exprimat ce crede că este: un personaj capabil să vă trateze şi să vă vindece... în locul vostru. Această persoană se înşală şi vă înşală! Nimeni altcineva în afară de voi înşivă nu vă poate vindeca şi trata. Sunteţi singurii împuterniciţi să o facă. Un terapeut nu poate decât să vă ajute pe acest drum ales, nimic mai mult. Să ajuţi pe cineva să se vindece este o sarcină minunată şi care necesită mult timp şi iubire şi, fără această iubire, un terapeut nu este nimic! Exercită o profesie, dar nu este terapeut. Afirmaţie valabilă pentru orice persoană care desfăşoară o activitate medicală, paramedicală sau holistică. Cu alte cuvinte, care încearcă o explicaţie globală.

După alegerea terapeutului şi a tipului de terapie, nu mai rămâne decât să acceptăm să trăim emoţiile care ies la iveală. Poate fi dureros în unele momente, dificil chiar, însă, în multe altele, aceasta va fi o eliberare, o bucurie imensă. Să mergem în întâmpinarea noastră ne îndreaptă spre modestie, aşa cum am văzut, dar necesită şi o doză mare de iubire.

Deseori folosesc imaginea copilului care începe să meargă: cade, plânge. Dacă suntem în prezenţa lui, reacţia noastră imediată este de a-l ridica, de a-l strânge în braţe pentru a-l consola şi pentru a-i spune că nu s-a întâmplat nimic grav şi că va reuşi. Să facem acelaşi lucru cu noi înşine reprezintă un început de iubire pe care trebuie să ne-o acordăm, astfel încât să putem avansa pe calea întâlnirii cu *non-mentalul* nostru. Să facem contrariul reprezintă un risc de descurajare şi de blocare a muncii iniţiate şi un semn în plus de lipsă de iubire şi de respect de sine. Paşii greşiţi sunt permişi, dar, precum copilaşul pe care îl ajutăm prin susţinerea şi iubirea noastră, trebuie să reluăm ceea ce s-a început, să ne încurajăm să mergem înainte ca să putem învăţa din aceşti paşi greşiţi.

Evoluțiile acestor abordări pot fi relativ de lungă durată și nimeni nu poate prezice durata lor, fiindcă aceasta depinde de voi, de profunzimea disconfortului sau a durerii voastre, care nu este ușor de evaluat din afară și, cu atât mai puțin, din interior. Pauzele se pot dovedi necesare, momentele de intensificare, de asemenea. Regula spune că trebuie să dați libertate totală trăirilor pe care le aveți în prezent, să vă dați permisiunea să simțiți ce doriți, nu ce credeți că trebuie să fie. Pentru că prezentul este singurul moment în timpul căruia „știți", tot pe durata lui simțiți și dacă o pauză va fi bine-venită sau nu. Terapeutul dumneavoastră vă poate ajuta să simțiți, dar, din nou, nu vă poate impune propriile opinii despre problemă. Vă va ajuta să găsiți răspunsul, dar nu va putea răspunde în locul vostru. Numai voi știți, fiindcă numai voi aveți cunoștință despre situație.

Nu vă mai descurajați atunci când, după ce ați crezut că procesul urma să se termine, descoperiți că nu vedeați pădurea din cauza copacului și că trebuie să mergeți mai departe, continuând aceeași terapie sau trecând la o alta, mai adaptată la ceea ce trăiți. Tot ce ați întreprins până atunci nu este nicidecum un eșec, ci depășirea unui obstacol (ceea ce este enorm deja!) pe calea voastră spre starea de bine. Amintiți-vă de copilul care încearcă să meargă și reluați-vă traseul spre cunoașterea de sine. Încetați să vă mai judecați, ci, din contră, învățați să vă iubiți! Toleranța face parte din iubire.

Prin mai multă iubire de sine va crește și respectul de sine, prin mai multă iubire față de ceilalți, cea față de lumea înconjurătoare va spori. Această iubire este profundă, reală și dezinteresată: aceasta pur și simplu *există!* Ea există în momentul prezent, momentul conștienței, pe când trecutul și viitorul se nasc din imaginație. Doar prezentul este real și etern, la fel ca iubirea!

Capitolul 7

Armonia

Să trăim într-o stare de sănătate bună înseamnă să trăim în armonie cu noi înșine, cu nucleul fundamental care este centrul ființei noastre. Acest centru răspândește iubirea la toate nivelurile ființei, este în permanentă comunicare cu forțele exterioare și trăiește doar momentul prezent. Calitățile noastre intrinseci sunt prezente în noi încă de la naștere și nu cer decât să fie folosite și exploatate, astfel încât să ne realizăm misiunea pentru care am venit pe această lume. Fiecăruia dintre noi i s-a atribuit o sarcină, fiecare are un drum personal de parcurs și doar nucleul fundamental le cunoaște. Creierul nu este decât o unealtă la dispoziția părții noastre *non-mentale*, așa cum ne sunt și brațele și picioarele, și participă la pregătirea drumului pe care ne conduce nucleul nostru fundamental. Armonia, seninătatea, calmul, bucuria și, în cele din urmă, sănătatea sunt bornele de referință care ne arată că am urmat calea cea bună. Sănătatea reprezintă dovada că suntem în acord cu noi înșine, că ne iubim și, implicit, propagăm iubire în jurul nostru.

Să murim având o stare bună de sănătate înseamnă să urmăm pur și simplu acest traseu, prin intermediul metamorfozei care este moartea. Trăind momentul prezent, moartea nu este decât o trecere de care nu ne mai temem. Este doar o etapă, un alt moment prezent care poate fi trăit în totală armonie, în iubire de sine și de ceilalți. Adesea, reprezintă eliberarea de greutățile circumstanțelor lumii materiale, detașarea supremă, libertatea, într-un fel!

Moartea înspăimântă mulți oameni fiindcă întrupează nesiguranța. Căutarea siguranței este, de cele mai multe ori, obiectivul pe care ni-l fixăm în viață. Or, acest scop nu este decât o capcană, în măsura în care siguranța este iluzorie, efemeră. Câte persoane care au obținut siguranța materială, atât de dorită, sunt cu adevărat fericite și și-au atins potențialul maxim? Multe dintre ele continuă să fie nefericite, deprimate, tensionate. Această căutare este legată de atașamentul față de cunoscut, care nu reprezintă deschidere, ci separare, izolare. „Cunoscutul nu este altceva decât închisoarea creată de condiționările trecutului. Nu generează nicio posibilitate de evoluție, absolut niciuna. Și când nu există evoluție, rămâne doar stagnare, entropie, dezordine și decadență[8]".

Teama față de moarte se naște din conflictul între intelect, care se bazează pe vid și imaginație, și nucleul fundamental, care trăiește momentul prezent și știe că posedă capacitatea de a face față tuturor situațiilor, fiind în armonie cu sine și cu lumea exterioară, totodată. Trăită în prezent, moartea devine altceva: o etapă de depășit, o transformare, o trecere armonioasă în care ne-am putea revărsa toată iubirea pe care o avem în noi. Moartea este pur și simplu o prelungire a ceea ce am trăit; și ce reprezintă ce am trăit, dacă nu o succesiune de momente prezente? Moartea nu este decât un alt moment din acestea!

Observați că oamenii mor la fel cum au trăit. Bătrânelul zâmbitor, cu înfățișare fabuloasă și înțelepciune rurală, se stinge calm, fără durere și fără teamă; persoana țâfnoasă, care detestă copiii, se stinge după o lungă agonie. Aceste exemple nu reprezintă regula, deoarece armonia poate fi regăsită și trăită în orice moment al vieții, dar deseori omul moare așa cum a trăit.

Nu există nicio diferență între a trăi și a muri în condiții de sănătate bună pentru că nucleul nostru fundamental nu dispare. Continuă să existe, sub o altă formă. Se unește cu Totul din care face și va face întotdeauna parte! Acest Tot este iubirea, cea care transcende, vindecă și însuflețește toate ființele umane și lumea întreagă. Ar fi timpul să îi acordăm locul care i se cuvine, rangul pe care îl merită! Nu este utopic și nu solicită reformarea completă a lumii, deoarece această iubire se află în noi, prezentă încă de când ne-am născut. Este suficient să o știm, să o acceptăm și să pornim în căutarea ei. Este acolo și așteaptă să o căutăm ca să înceapă să iradieze în interiorul nostru. Puternică și intensă, această iubire va fi ca un soare care își revarsă razele și va fi percepută de celălalt, de ceilalți. Lumea va fi mult mai bună dacă va fi schimbată din interior, datorită oamenilor care vor dori să trăiască într-un mediu armonios, care să reflecte ceea ce sunt!

Referințe

1. Brennan, Barbara Ann, „Guérir par lumière", Paris, Tchou, 1993, p. 400.
2. Thondup, Tulku. „L'infini pouvoir de guérison de l'Esprit", Paris, Le Courrier du Livre, 1997, p. 284.
3. Besson, Philippe Gaston. „Acide-base: une dynamique vitale", Villars-les-Dombes, Éditions Trois Fontaines, 1998, p. 128.
4. Paracelsius. Citat din: *Astronomia Magna oder die ganze Philosophie Sagax der grossen und Kleinen Welt* (XII, 92), în Lucien Braun, *Paracelse,* Lucerne-Lausanne, Éditions René Coeckelberghs, 1988, coll. Les Grands Suisses, p. 158.
5. Qusar, Namgyal și Jean-Claude Sergent. „Médecine tibétaine et alimentation", col. Exercices de vie, Paris, Calmann-Lévy, 1995, p. 360.
6. Chesnais, Elisabeth. „Des pesticides au robinet!", *Que choisir,* nr. 341 (septembrie 1997), p. 14-17.
7. Ançari, Pir K. „La psychologie spirituelle ou l'alchimie intérieure", col. „4e voie", Béning-lès-Saint-Avold, Éditions de la Lumière, 1996, p. 416.
8. Chopra, Deepak. „Les sept lois spirituelles du succès", col. „Aventure secrète", Paris, J'ai Lu, 1999, p. 118.